全球及中国煤炭市场形势

分析报告

2016

神华科学技术研究院　编

中国财富出版社

图书在版编目（CIP）数据

全球及中国煤炭市场形势分析报告 . 2016 / 神华科学技术研究院编 . —北京：中国财富出版社，2017.7

ISBN 978－7－5047－6542－0

Ⅰ . ①全…　Ⅱ . ①神…　Ⅲ . ①煤炭工业—市场—研究报告—世界—2016　Ⅳ . ①F746.41

中国版本图书馆 CIP 数据核字（2017）第 144443 号

策划编辑	宋　宇	责任编辑	王　波　李晓奇		
责任印制	方朋远	责任校对	胡世勋　张营营	责任发行	张红燕

出版发行	中国财富出版社			
社　　址	北京市丰台区南四环西路 188 号 5 区 20 楼		**邮政编码**	100070
电　　话	010－52227588 转 2048/2028（发行部）		010－52227588 转 307（总编室）	
	010－68589540（读者服务部）		010－52227588 转 305（质检部）	
网　　址	http://www.cfpress.com.cn			
经　　销	新华书店			
印　　刷	北京京都六环印刷厂			
书　　号	ISBN 978－7－5047－6542－0/F・2779			
开　　本	889mm×1194mm　1/16		**版　　次**	2017 年 7 月第 1 版
印　　张	7		**印　　次**	2017 年 7 月第 1 次印刷
字　　数	128 千字		**定　　价**	128.00 元

全球及中国煤炭市场形势分析报告 2016

成员名单

编审组

组　　长：蒋文化

副组长：王久彬　李瑞峰　俞珠峰　刘保文

成　　员：韩　悦　迟东训　宁成浩　朱吉茂

编写组

组　　长：董　娟

成　　员：李　花　向　敏　李卫东

前　言

　　神华科学技术研究院近年来紧密跟踪全球及中国煤炭市场发展形势，开展相关研究，对煤炭市场供需关系、贸易及进出口特点、价格等进行分析、预测，形成月度、季度、年度系列分析报告，为政府部门、相关企业及机构提供参考。

　　《全球及中国煤炭市场形势分析报告》是年度系列报告之一。自 2014 年以来，一直在连续出版、发布。

　　本报告共分为两部分，第一部分内容为全球煤炭市场，第二部分内容为中国煤炭市场，分别从煤炭市场的需求、供应、贸易/进出口、库存、价格、运输和外部宏观环境等方面进行了分析和展望。

　　本报告大部分数据采用国内外权威机构发布的最新数据，部分数据由神华科学技术研究院调研、收集、整理、统计分析而来。

　　报告各部分撰写人员如下：需求、贸易、进出口部分由李花、董娟撰写；产能部分由李卫东、董娟撰写；产量、库存部分由向敏、董娟撰写；价格部分由董娟撰写；运输部分由李卫东撰写；外部宏观环境部分由向敏撰写。

　　本报告在编写过程中，得到了有关单位领导、专家以及业内专业人士的悉心指导，在此表示衷心感谢！

　　限于作者水平，虽然对报告进行了反复推敲，但疏漏与不足之处在所难免，恳请各位读者谅解并批评指正。

神华科学技术研究院

2017 年 5 月

目 录

第一部分
全球煤炭市场

观点提要

● 2016 年全球煤炭消费降幅收窄，煤炭在全球能源消费结构中的占比下降。2016 年全球煤炭消费量估算为 38.0 亿吨油当量，较 2015 年下降 1.1%，降幅收窄 0.7 个百分点；2016 年煤炭在全球能源消费结构中的占比由 2015 年的 29.2% 降至 28.7%；全球主要煤炭消费国中，印度和东南亚各国为主要增长区域，中国、美国降幅收窄。综合考虑全球经济温和增长预期及环保约束、替代能源发展等多重因素，预计 2017 年全球煤炭消费量稳中略降。

● 2016 年全球煤炭产能过剩局面没有发生根本改变，全球煤炭生产明显收缩、生产和需求关系有所改善、库存下降。2016 年，全球典型产煤国家平均产能利用率仅为 85% 左右；而 2016 年全球煤炭产量估算为 35.6 亿吨油当量，较 2015 年下降 7.1%，降幅扩大 2.9 个百分点；全球主要煤炭生产国中，中国、美国、澳大利亚、印度尼西亚产量均出现收缩。综合考虑煤炭价格回升拉动部分煤矿陆续复产、中国减量化生产措施不再大范围执行等因素，预计 2017 年全球煤炭生产将由降转增。

● 2016 年全球煤炭贸易量由降转增。2016 年全球煤炭贸易量估算为 13.4 亿吨，由 2015 年的下降 4.1% 转为增长 2.1%；全球动力煤贸易量仅增长 0.9%。综合考虑 2017 年全球煤炭消费稳中略降，而全球煤炭生产将由降转增，尤其中国、印度国内煤炭供应预期增加等因素，预计 2017 年全球煤炭贸易，包括动力煤贸易量将有所下降。

● 2016 年全球煤炭需求和贸易进一步向亚太地区集中。从需求来看，2016 年亚太地区煤炭消费量占到全球总量的 73.9%，占比扩大 1 个百分点，其中，印度和东南亚为主要增长区域（2016 年印度煤炭消费量估算增长 6.5%，全球增量最大），日本和韩国需求保持相对稳定。从贸易来看，进口区域集中在中国等主要煤炭消费国及需求增长较快区域，2016 年中国进口煤炭大增 25.2%；东南亚的菲律宾、越南进口煤炭分别同比大幅增长 47.8%、92.4%；印度煤炭进口受政策导向影响小幅下降。

● 2016 年全球煤炭价格出现大幅上涨。动力煤价格大幅上涨，11 月高位回落。纽卡斯尔（NEWC）6000kcal/kg 动力煤 FOB 价格，11 月升至高位 110.3 美元/吨，较年初上涨 119.3%。炼焦煤价格涨幅高于动力煤涨幅，澳大利亚上涨显著，12 月出现回落迹象。澳大利亚主焦煤FOB价格，11月升至高位294.7美元/吨，较年初上涨282.7%。考虑到全球煤炭产能过剩局面没有根本改变，2017年全球煤炭消费量稳中略降、煤炭生产将由降转增，预计2017年全球动力煤价格将随中国动力煤价格逐渐回落，炼焦煤价格将高位回落，并逐渐企稳。

● 2016年高热值动力煤单位热值价格更高，且价差逐渐扩大。2016年，纽卡斯尔港6000kcal/kg动力煤单位热值价格始终高于同港口5500kcal/kg动力煤，价差从一季度0.0011美元/吨扩大到四季度0.0023美元/吨；印度尼西亚4700kcal/kg动力煤单位热值价格始终高于同港口3800kcal/kg动力煤，价差从一季度0.0024美元/吨扩大到四季度0.0044美元/吨。

一、需求

（一）总体情况

1. 全球煤炭消费降幅收窄

2016 年，全球煤炭消费量估算为 38.0 亿吨油当量，较 2015 年下降 1.1%，降幅较 2015 年收窄 0.7 个百分点（见图 1-1）。2016 年，受全球经济增长放缓、石油和天然气价格维持低位、来自天然气和可再生能源的竞争加剧等因素影响，全球煤炭消费量维持负增长，但受中国需求好于预期、美国下半年天然气价格上涨减少对煤炭的替代等因素影响降幅收窄。主要消费国中，中国、美国消费量分别下降 1.4% 和 8.6%，但降幅分别收窄 2.5 个和 4.4 个百分点，印度增长 6.5%，日本、韩国相对稳定，欧洲继续下降（见图 1-2）。

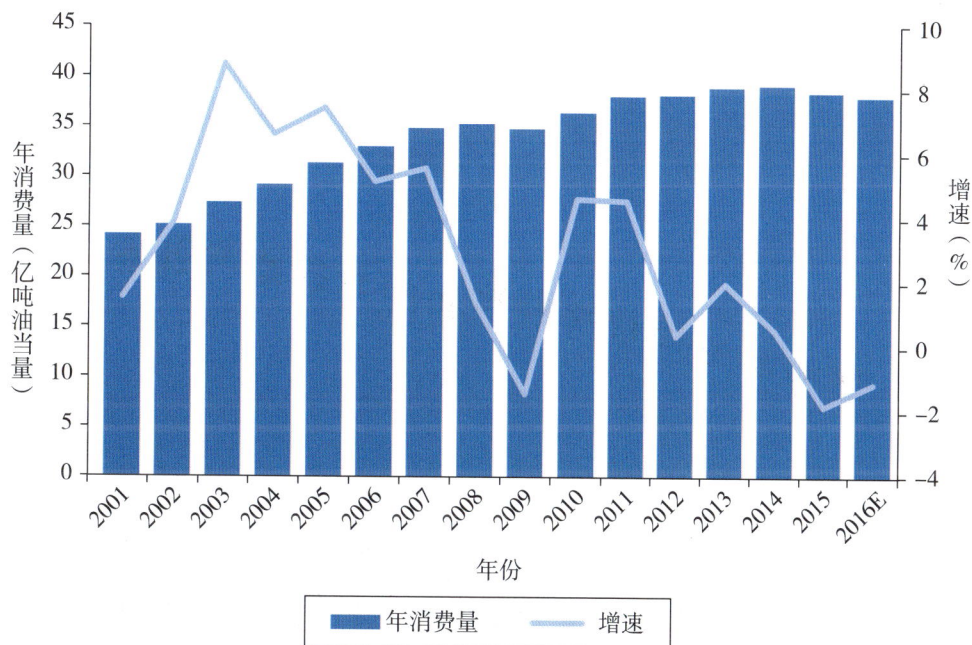

图 1-1　全球煤炭消费量及增速（2001—2016 年）

来源：BP Statistical Review of World Energy、神华科学技术研究院。

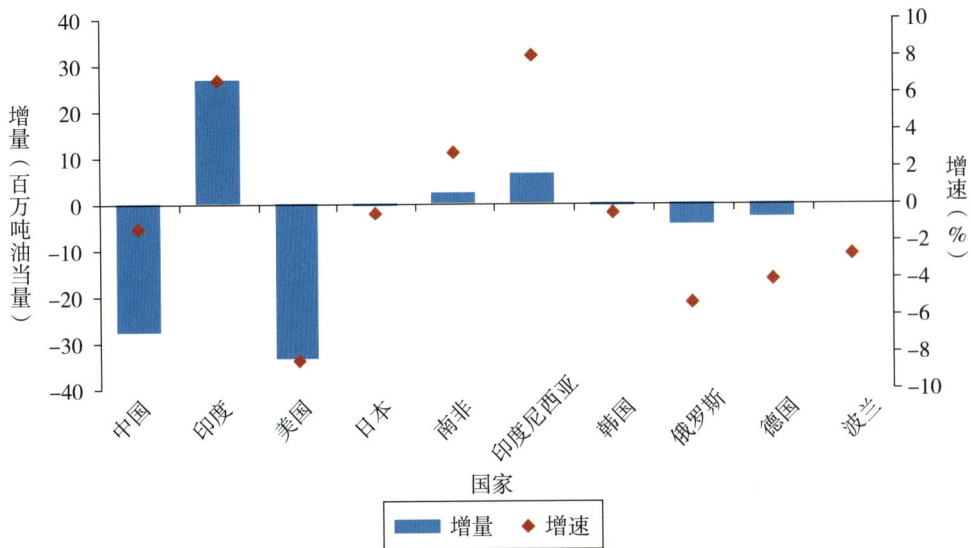

图1-2 2016年前10位煤炭消费国消费增量及增速

注：中国、美国、德国为官方公布数据，其他国家为估算数据。
来源：BP Statistical Review of World Energy、神华科学技术研究院。

2. 煤炭在全球能源消费结构中的占比持续下降

2016年，全球煤炭消费量估算下降1.1%左右，而石油、天然气价格处于低位，需求小幅增加，可再生能源保持快速发展，对煤炭的替代继续增加，煤炭在全球一次能源消费结构中的占比由2015年的29.2%进一步降至28.7%（见图1-3）。

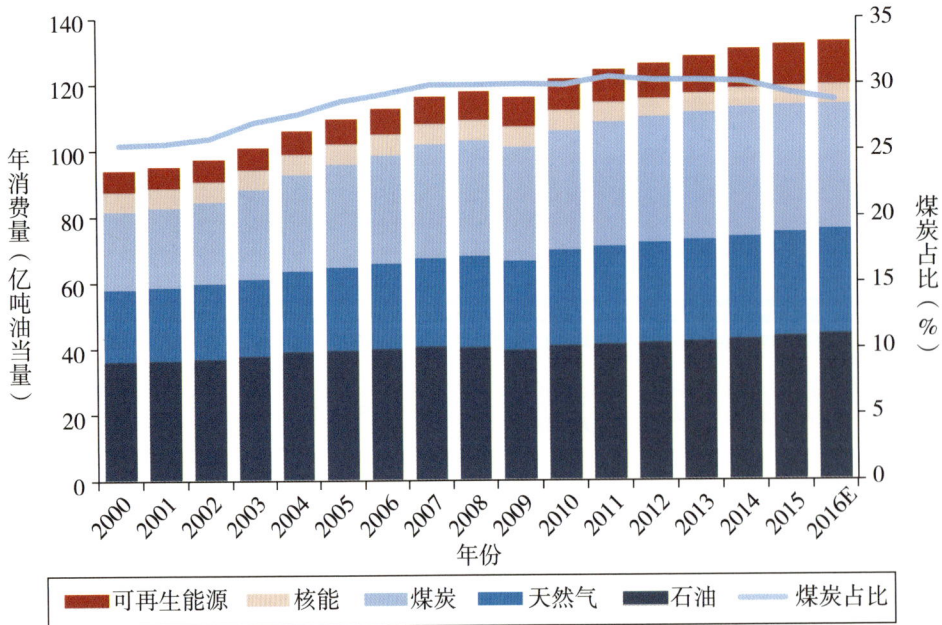

图1-3 全球一次能源消费结构及煤炭占比（2000—2016年）

来源：BP Statistical Review of World Energy。

3.　2017 年全球煤炭消费量预计稳中略降

2017 年，综合考虑全球经济缓慢复苏、替代能源发展、环保约束等因素，结合全球主要煤炭消费国消费趋势以及全球燃煤电厂建设情况，预计 2017 年全球煤炭消费量略低于 2016 年水平。

从**主要煤炭消费国**来看，2017 年，全球煤炭需求及增长仍集中在亚洲，欧洲需求下降空间不大，美国有望小幅增长。从亚洲来看，中国消费量预计基本维持在 2016 年水平；印度经济快速发展拉动燃煤发电及钢铁用煤需求增加，仍将是全球煤炭需求的最大增量；东南亚主要煤炭消费国受经济快速增长拉动，预计 2017 年消费增速保持在 8% 左右，是全球煤炭需求增长的另一重要动力；日本、韩国需求仍将趋稳。从欧洲来看，虽然欧洲多国已宣布淘汰燃煤电厂或淘汰煤炭计划，但占欧洲煤炭消费量一半以上的德国和波兰仍严重依赖煤炭，德国受弃核和可再生能源发展较慢影响，煤炭消费量下降缓慢；波兰燃煤发电占比达到 80%，且政府从能源安全与国内就业等方面考虑并未大力限制煤炭使用；另外，新兴经济体土耳其煤炭需求逐渐增加，目前在建燃煤发电装机容量仅次于中国和印度，未来煤炭消费量还有较大增长空间。从美国来看，受天然气价格小幅上涨预期，以及特朗普"能源独立"的行政令将重新评估清洁能源计划等影响，预计 2017 年煤炭消费量将有所增加，但受天然气价格低位影响增幅有限。从**替代能源发展与燃煤电厂建设情况**来看，受减排与环保制约、石油与天然气价格低位、新能源与可再生能源快速发展影响，燃煤发电份额持续受到其他能源挤压，燃煤电厂建设积极性减弱，目前全球拟在建燃煤电厂数量显著下降（见表 1－1）。

表 1－1　　　　　　　　　　全球拟在建燃煤电厂情况　　　　　　　　单位：兆瓦

	2016 年 1 月	2017 年 1 月	变化
在建	338458	272940	－19%
开工建设（过去 1 年）	169704	65041	－62%
拟建	1089671	569601	－48%
意向	487261	247909	－49%
前期开发	434180	222055	－49%
核准	168230	99637	－41%

来源：Global Coal Plant Tracker。

（二）区域特点

1. 全球煤炭需求加速东移

2016 年，亚太地区（亚洲和西太平洋地区）煤炭消费量占到全球煤炭消费总量的 73.9%，占比较 2015 年扩大 1 个百分点，全球煤炭需求加速东移。东部中国需求好于预期，印度及东南亚新兴经济体经济增长较快带动煤炭需求保持较快增长；而西方发达经济体（欧洲和北美）受经济增长缓慢和加快淘汰燃煤电厂等影响煤炭需求持续下降。全球各区域煤炭消费占比见图 1-4。

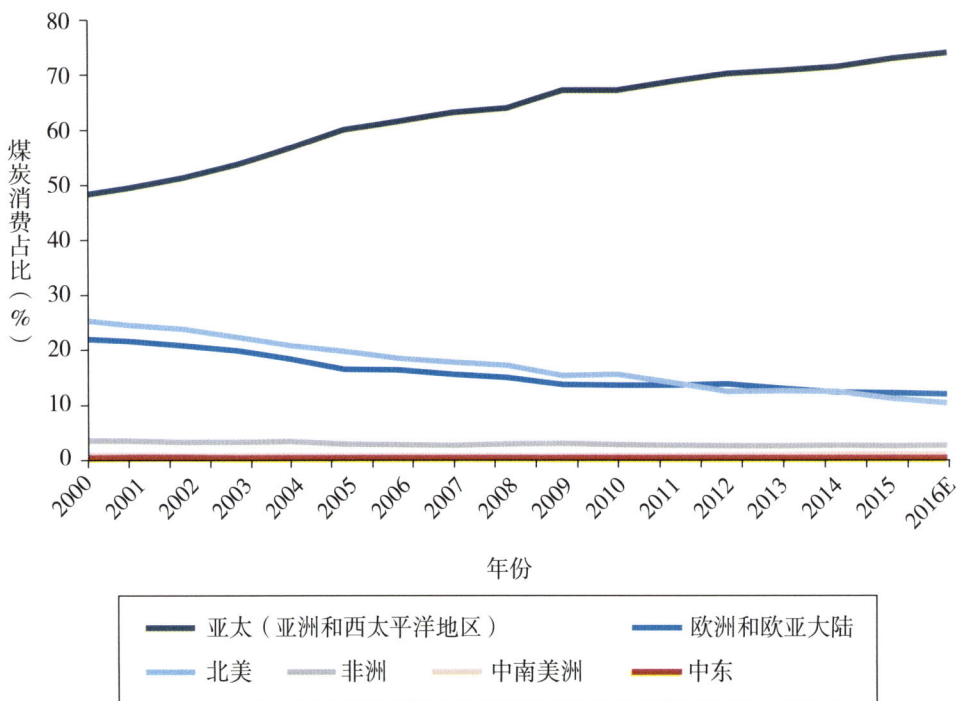

图 1-4　全球各区域煤炭消费占比（2000—2016 年）

来源：BP Statistical Review of World Energy、神华科学技术研究院。

2. 印度、东南亚地区仍为主要增长区域

2016 年，印度煤炭消费量估算增长 6.5%（见图 1-5），是全球增量最大的国家；东南亚最大经济体印度尼西亚估算增长 8%（见图 1-6），超过俄罗斯和韩国成为第六大煤炭消费国。受经济发展和电力需求快速增加影响，印度和东南亚国家煤炭需求保持较快增长，燃煤发电占比不断提高（见图 1-7、图 1-8），仍是全球煤炭需求增长的主要区域。

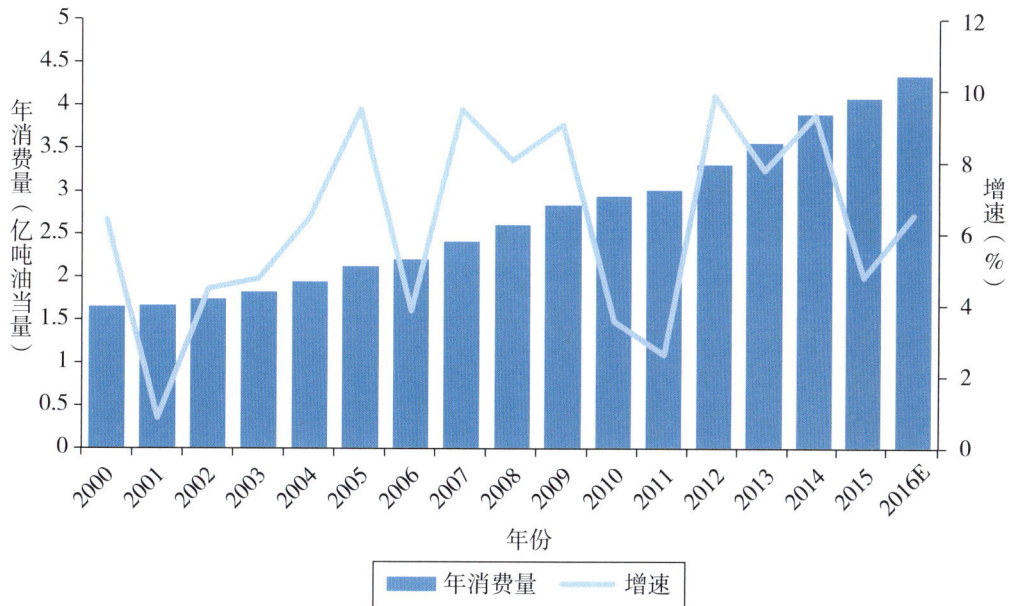

图 1-5 印度煤炭消费量及增速（2000—2016 年）

来源：BP Statistical Review of World Energy、神华科学技术研究院。

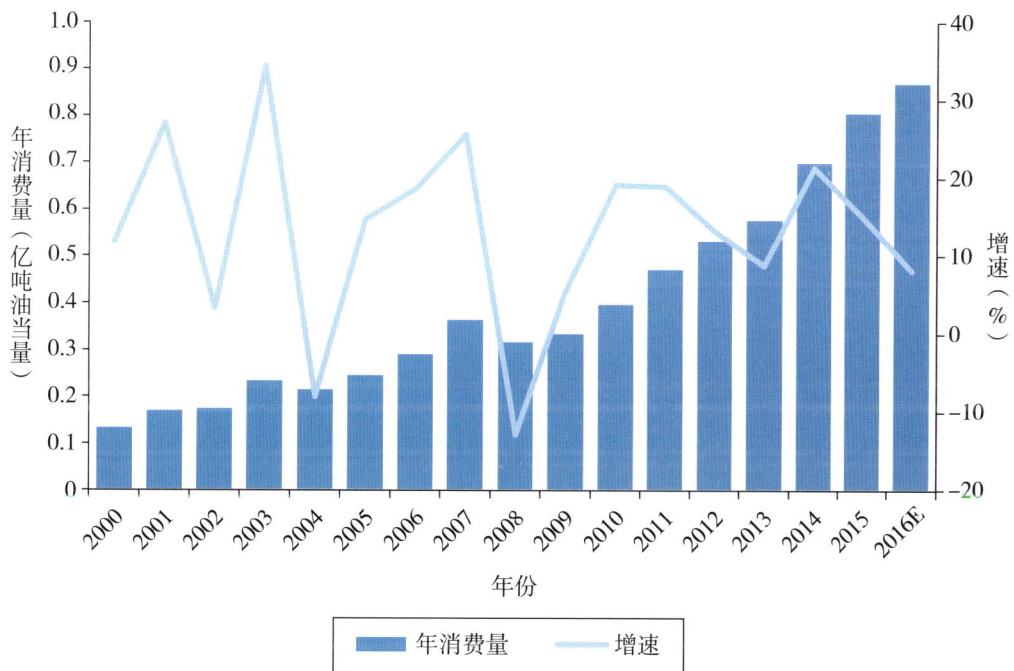

图 1-6 印度尼西亚煤炭消费量及增速（2000—2016 年）

来源：BP Statistical Review of World Energy、神华科学技术研究院。

图1-7 印度发电结构（2006—2016年）

来源：IHS Markit、印度中央电力局。

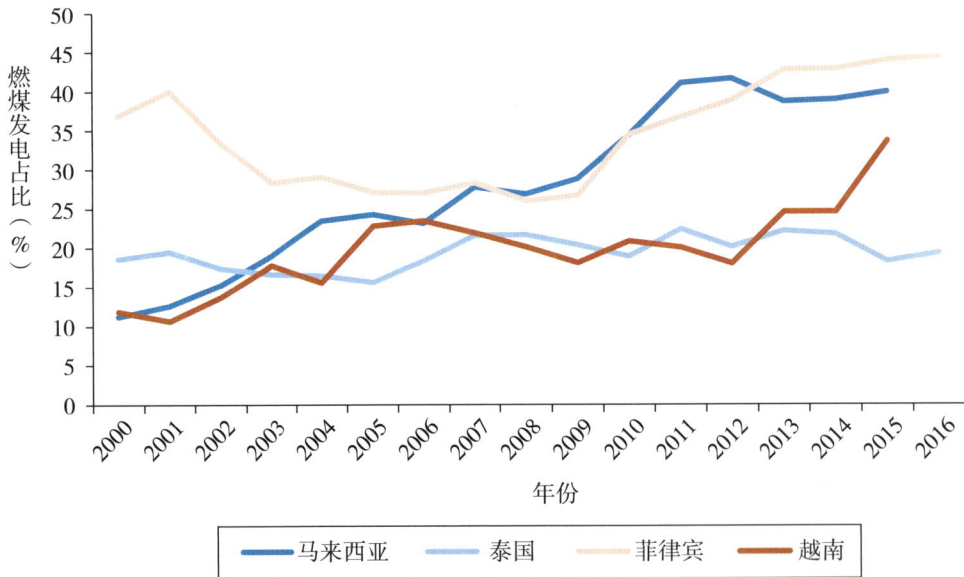

图1-8 东南亚主要经济体燃煤发电占比（2000—2016年）

来源：IHS Markit、各国电力统计机构。

3. 欧洲需求持续下降

2016年，欧洲和欧亚大陆煤炭消费量估算同比下降3.0%，主要受经济增长缓慢、天然气价格低位和大力淘汰燃煤电厂促使能源低碳转型影响。从主要消费国情况看，俄罗斯、德国估算同比分别下降5.4%和4.1%，波兰估算同比持平（见图1-9），新兴经济体土耳其受经济发展较快影响是其中唯一增长的国家，估算同比增长 3.1%（见图 1-10）。

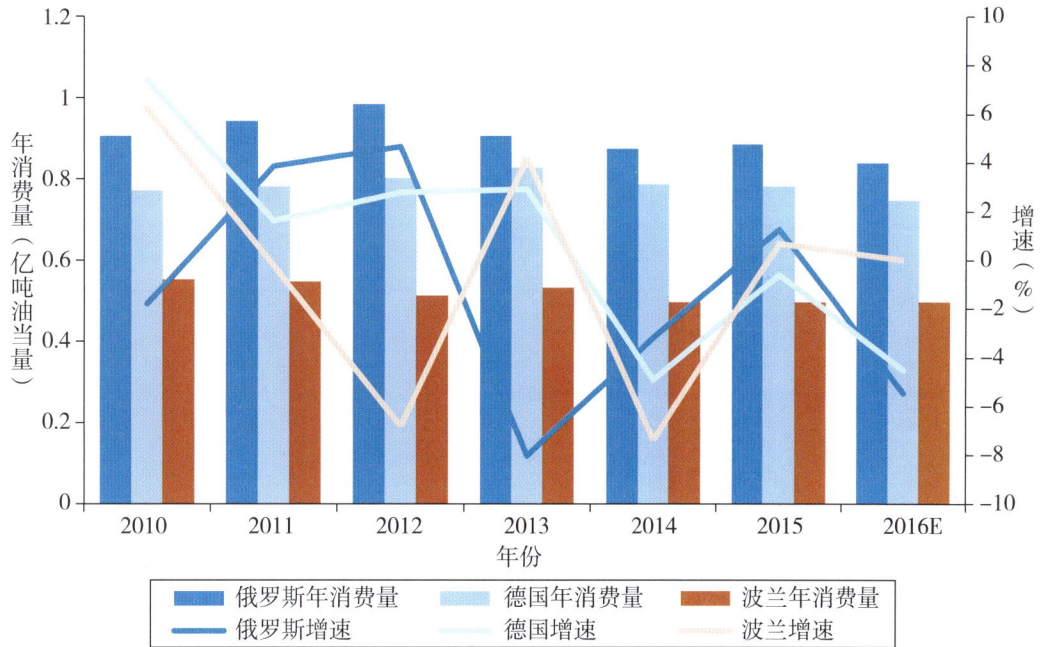

图 1-9　俄罗斯、德国、波兰煤炭消费量及增速（2010—2016 年）

来源：BP Statistical Review of World Energy、神华科学技术研究院。

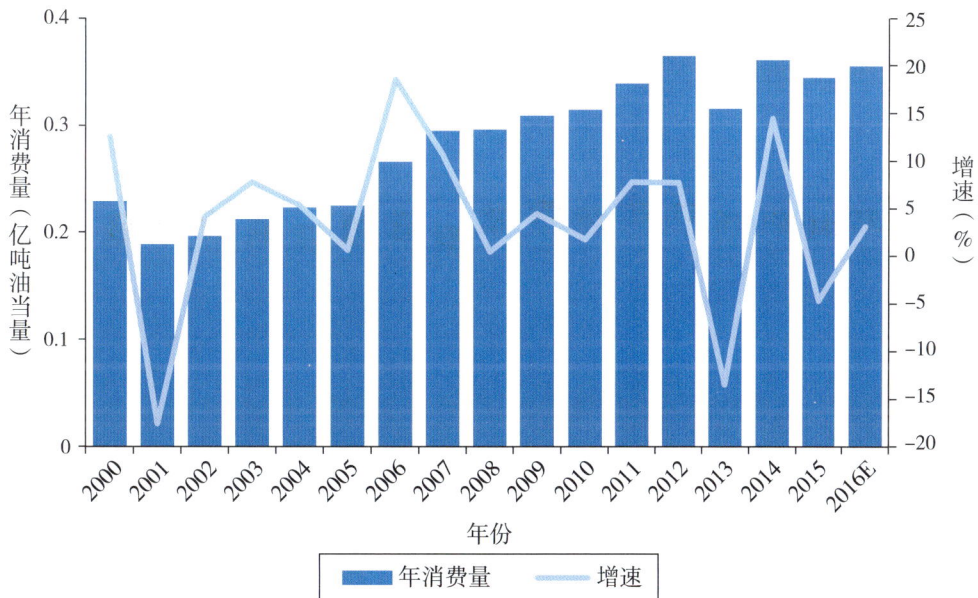

图 1-10　土耳其煤炭消费量及增速（2000—2016 年）

来源：BP Statistical Review of World Energy、神华科学技术研究院。

4. 美国需求降幅收窄

2016 年，美国煤炭消费量同比下降 8.6%，降幅较 2015 年收窄 4.4 个百分点（见

图1-11），煤炭在美国一次能源消费结构中的占比下降1.4个百分点（见图1-12）。受益于页岩气革命带来的廉价油气资源，加上环保署对燃煤电厂严苛的排放限制，美国煤炭消费量及其在能源消费结构中的占比继续下降，但下半年受天然气价格回升影响（见图1-13），全年煤炭消费降幅收窄。

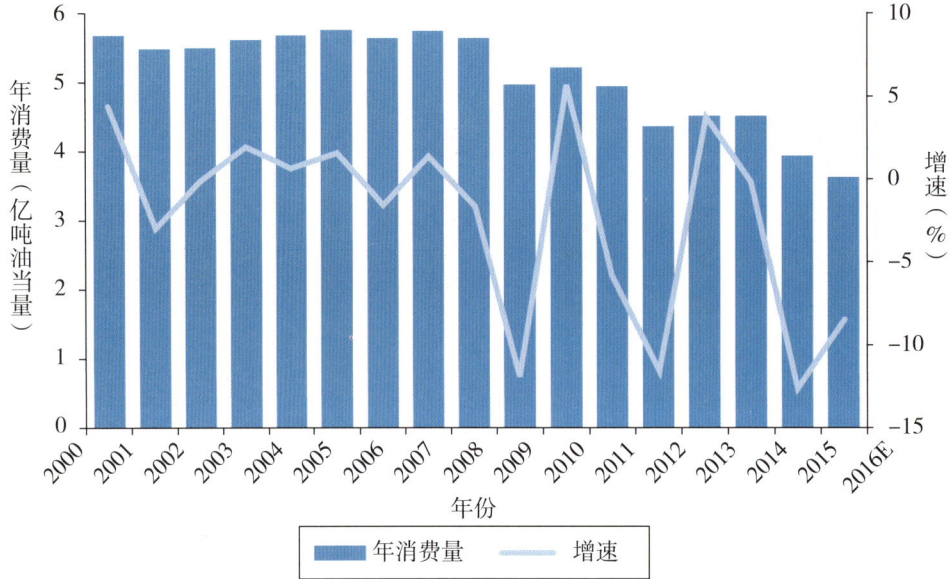

图1-11 美国煤炭消费量及增速（2000—2016年）

来源：BP Statistical Review of World Energy、神华科学技术研究院。

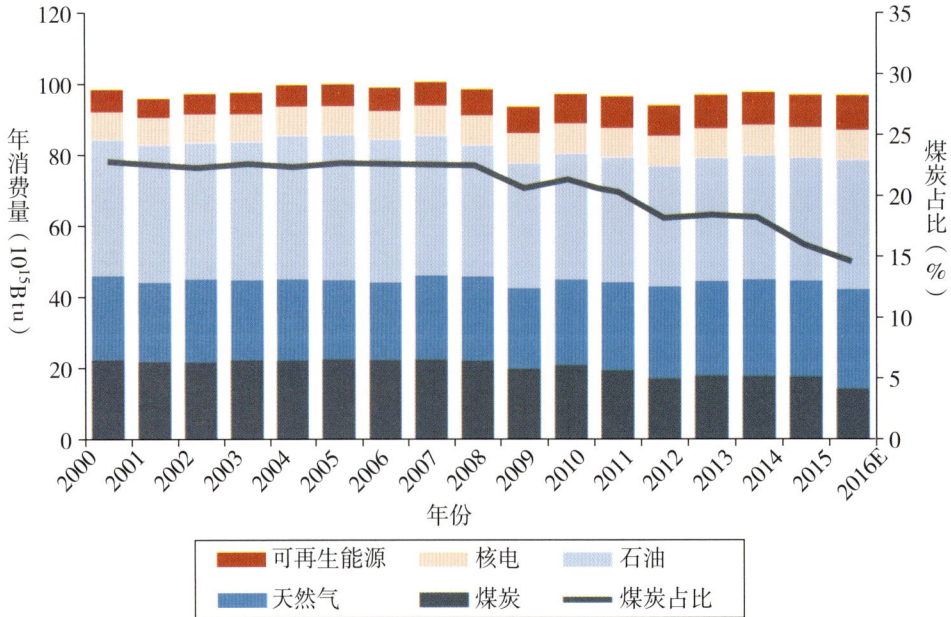

图1-12 美国一次能源消费量及煤炭占比（2000—2016年）

来源：EIA。

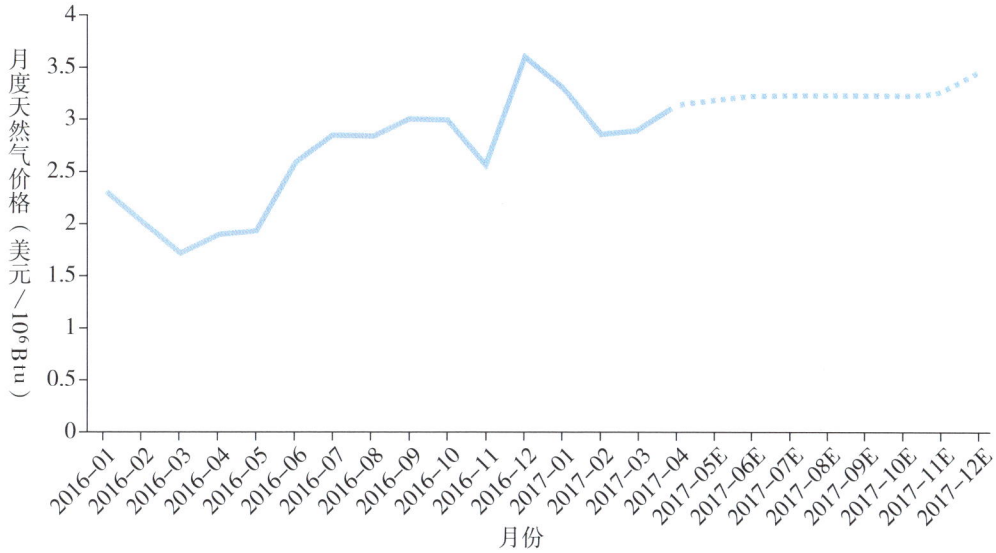

图 1－13　美国 Henry 港天然气价格走势（2016 年 1 月—2017 年 12 月）

注：图中虚线部分为预测数据。
来源：EIA。

5. 日本、韩国需求维持相对稳定

2016 年，日本煤炭消费量估算下降 0.7%，韩国估算下降 0.6%（见图 1－14）。日本和韩国近年来经济保持低速增长，电力结构相对稳定（见图 1－15、图 1－16），其他替代能源发展缓慢，煤炭需求变化不大。

图 1－14　日本和韩国煤炭消费量及增速（2000—2016 年）

来源：BP Statistical Review of World Energy、神华科学技术研究院。

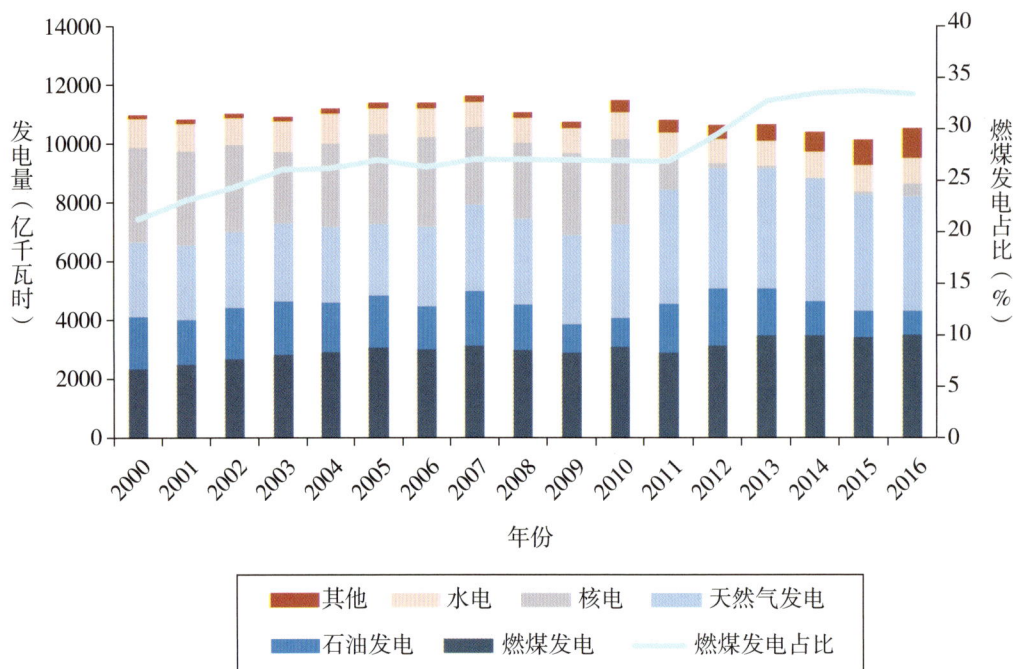

图 1-15　日本发电结构（2000—2016 年）

来源：IHS Markit、IEA、日本经济产业省。

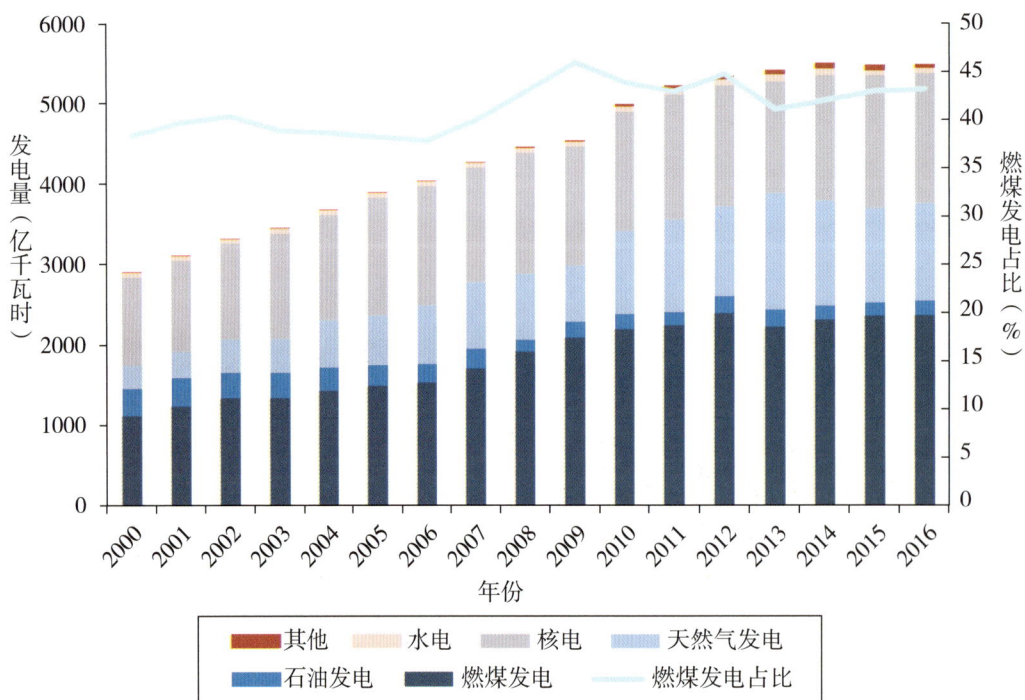

图 1-16　韩国发电结构（2000—2016 年）

来源：IHS Markit、IEA、韩国能源数据信息系统。

二、 供应

（一）产能

全球煤炭产能保持宽松。选取全球 10 个主要产煤国家（总产能规模约 75.5 亿吨/年）进行统计，初步估算 2016 年平均产能利用率为 85%，其中，印度尼西亚产能利用率仅为 67%，美国为 78%（见表 1-2）。

表 1-2　　　　　　　　全球主要产煤国家 2016 年煤炭产能

序号	国家	估算产能（万吨/年）	估算产能利用率（%）
1	中国	400200	85%
2	美国	85800	78%
3	印度	80000	86%
4	印度尼西亚	54600	67%
5	澳大利亚	49100	95%
6	俄罗斯	38200	100%
7	南非	26400	96%
8	哥伦比亚	9400	96%
9	加拿大	6700	91%
10	越南	4800	88%
合计		755200	85%

注：中国产能为具备生产能力的产能。
来源：Wood Mackenzie、神华科学技术研究院。

（二）产量

1. 全球煤炭生产明显收缩

2016 年全球煤炭产量估算约 73.0 亿吨，较 2015 年下降 7.1% 左右，自 2014 年开始连续三年下降，降幅较 2014 年、2015 年分别扩大 6.5、2.9 个百分点（见图 1-17）。全球煤炭需求下降、中国减量化生产、国际大型煤炭企业减产等因素促使全球煤炭生产明显收缩。主要煤炭生产国中，中国、美国产量大幅下降，降幅分别为 9.0%、

17.6%；印度尼西亚和澳大利亚产量继续下降但降幅收窄，降幅分别为6.5%、3.6%；俄罗斯产量保持增长，增幅3.3%；印度产量增长2.0%（见图1-18）。

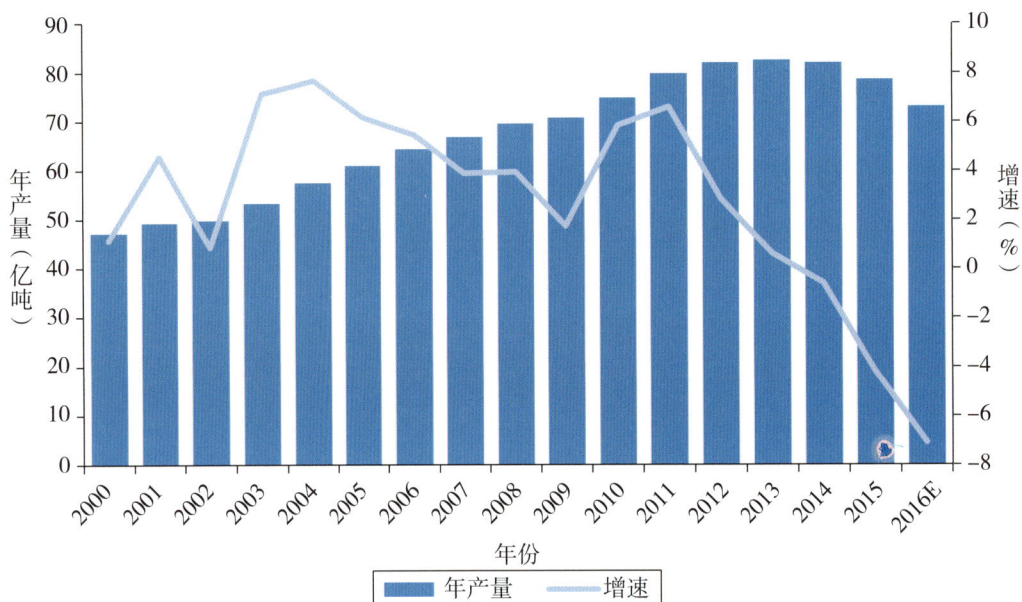

图1-17　全球煤炭产量及增速（2000—2016年）

来源：BP Statistical Review of World Energy、神华科学技术研究院。

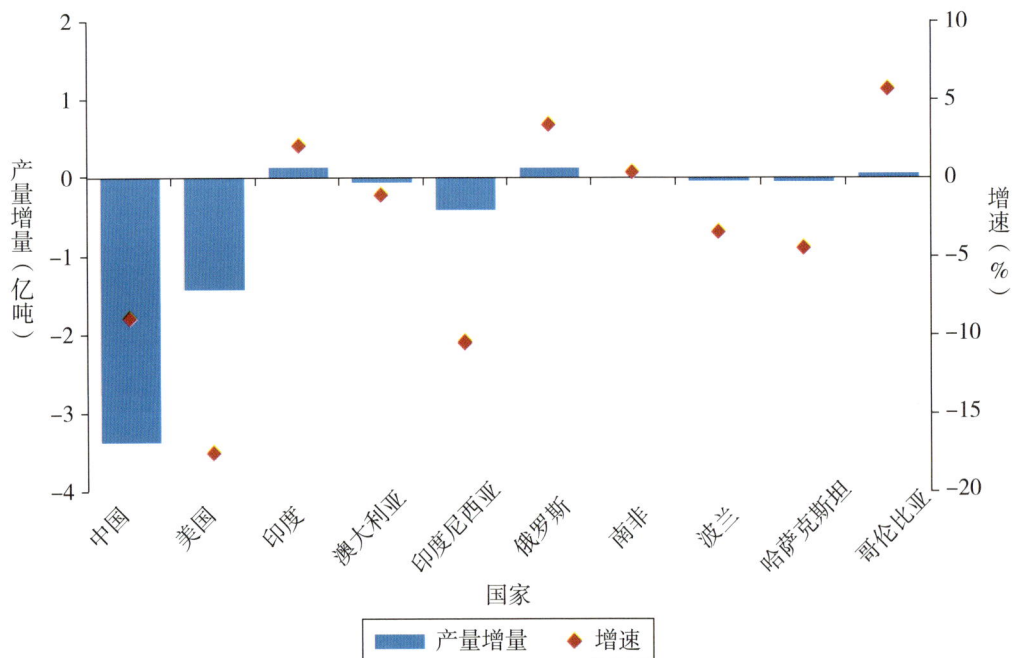

图1-18　2016年全球主要国家煤炭产量增量及增速

注：中国、美国、俄罗斯为官方公布数据，其他国家为估算数据。
来源：BP Statistical Review of World Energy、神华科学技术研究院。

2. 中国、美国产量大幅下降

2016 年，全球主要产煤国中国、美国煤炭产量均出现大幅下降，其中，中国煤炭产量 34.1 亿吨，较 2015 年下降 9.0%，降幅较 2015 年扩大 5.7 个百分点；美国煤炭产量约 6.7 亿吨，较 2015 年下降 17.6%，降幅较 2015 年扩大 7.2 个百分点，为 38 年来最低产量和最大降幅。在供给侧改革背景下，中国严格执行 276 个工作日减量化生产政策，使得煤炭产量明显下降。美国煤炭产量大幅下降主要由于需求大幅下降（见图 1-19）。

图 1-19　中国和美国煤炭产量及增速（2000—2016 年）

来源：BP Statistical Review of World Energy、神华科学技术研究院。

3. 印度尼西亚、澳大利亚产量继续下降，但降幅收窄

2016 年，印度尼西亚、澳大利亚煤炭产量继续下降但降幅收窄。其中，估算印度尼西亚煤炭产量约 3.7 亿吨，较 2015 年下降 6.5%，降幅较 2015 年收窄 7.9 个百分点；估算澳大利亚煤炭产量约 4.7 亿吨，较 2015 年下降 3.6%，降幅较 2015 年收窄 0.1 个百分点。印度尼西亚小型煤矿承受巨大的资金压力而大面积停产，加之政府出于保护环境目的暂停发放新的煤炭矿权，导致其煤炭产量继续下降，但是得益于煤炭出口，尤其是低热值煤出口的增长，产量降幅收窄。澳大利亚煤矿受前期国际煤炭价格持续下降影响有较多的裁员、限产、停产以及资产剥离情况，加之飓风洪水灾害对生产与运输造成冲击，煤炭产量继续下降；但受东南亚需求增加和中国下半年供不应求影响，产量降幅收窄（见图 1-20）。

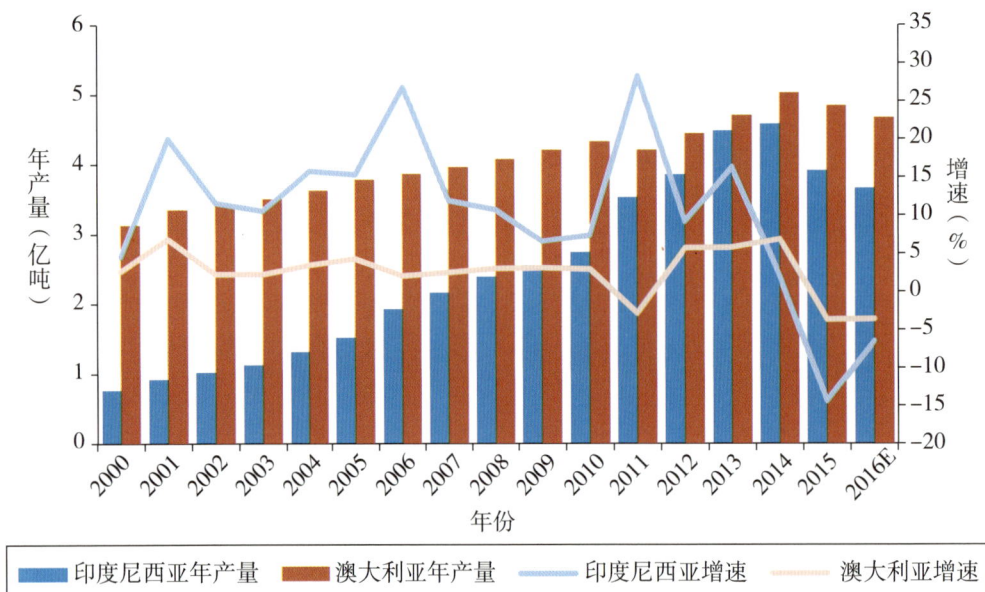

图1-20 印度尼西亚和澳大利亚煤炭产量及增速（2000—2016年）

来源：BP Statistical Review of World Energy、神华科学技术研究院。

4. 俄罗斯产量保持增长

2016年，俄罗斯煤炭产量约为3.8亿吨，较2015年增长3.3%，增幅较2015年降低1.1个百分点。针对中国减量化生产政策执行后出现的供应偏紧、进口需求增加的状况，俄罗斯增加对中国煤炭出口，并积极拓展印度和越南等需求快速增长的市场，同时，卢布贬值使得其煤炭出口竞争优势有所加强，带动俄罗斯煤炭产量保持增长（见图1-21）。

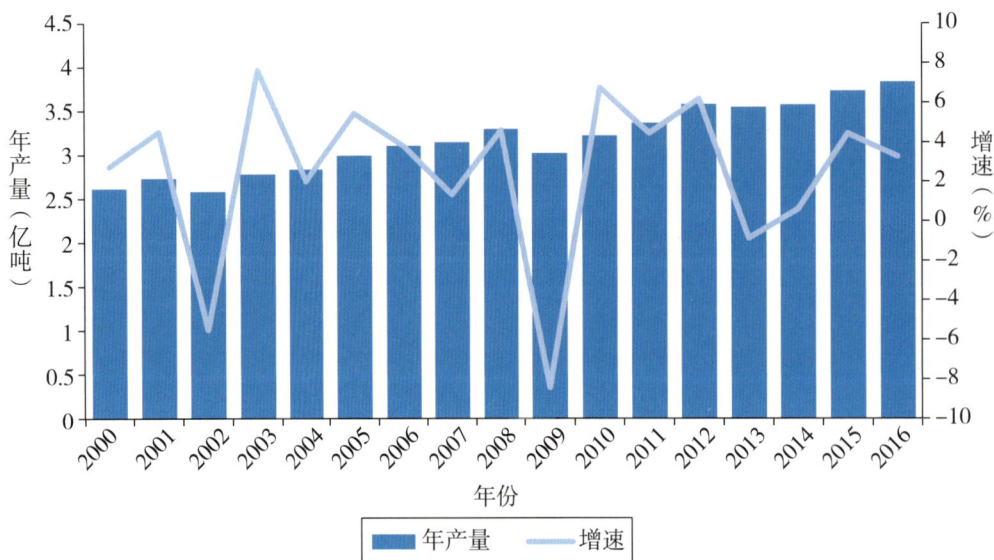

图1-21 俄罗斯煤炭产量及增速（2000—2016年）

来源：BP Statistical Review of World Energy、神华科学技术研究院。

5. 印度产量增长

2016 年，印度煤炭产量估算约为 6.9 亿吨，较 2015 年增长 2.0%，增幅较 2015 年降低 2.5 个百分点。印度大幅提升国内供应，在莫迪政府加速放开开采许可和保障运输等产量提升政策的推动下，印度煤炭产量增长并创下新高（见图 1-22）。

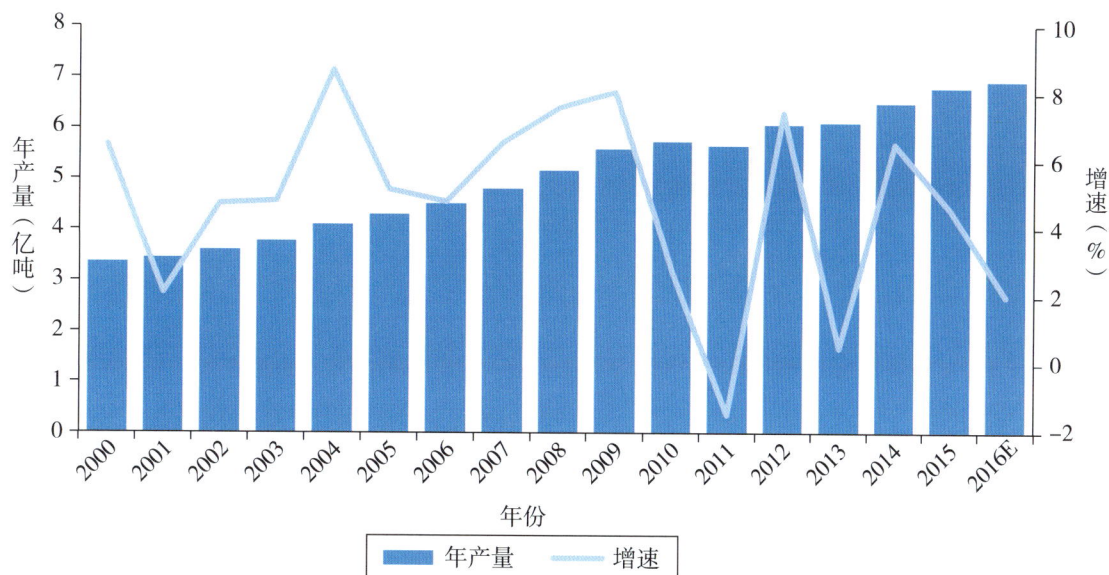

图 1-22   印度煤炭产量及增速（2000—2016 年）

来源：BP Statistical Review of World Energy、神华科学技术研究院。

6. 2017 年全球煤炭产量预计由降转增

综合考虑煤炭价格回升拉动部分国际大型煤矿陆续复产（见表 1-3）、中国减量化生产措施不再大范围执行等因素，预计 2017 年全球煤炭生产将由降转增。从主要煤炭生产国来看，中国经济调整趋稳带动煤炭需求增长，加之减量化生产措施不再大范围执行，产量将稳定增长；美国煤炭行业在 2016 年后半期已经出现复苏迹象，煤电厂重启以及特朗普政府取消煤炭禁令将可能促进产量回升；印度尼西亚国内新建电厂带来需求增长，煤矿复产增多；澳大利亚大型煤矿复产，煤矿项目建设审批进一步加速，出口至中国的动力煤关税 2017 年再次下调至零，都将促进产量增长；俄罗斯将继续利用汇率下跌有利于出口的机遇扩大国际市场份额；印度基于加强能源安全考虑制定了到 2020 年煤炭产量翻番的计划。

表 1-3　　　　　　　全球主要国家煤矿重启计划（2016—2017 年）

国家	2016 年重启计划	2017 年重启计划
美国	Bluestone 煤矿 JAD 煤矿	Cresson 煤矿 Cumberland Resources 煤矿 Deer Run 1 煤矿
澳大利亚	Isaac Plains 煤矿 Collinsville 煤矿 Wongawilli 煤矿	Integra UG 煤矿 Blair Athol 煤矿 Baralaba 煤矿
印度尼西亚	Arutmin Satui 煤矿 Multi Tambangjaya Utama 煤矿 Triaryani 煤矿	Interex Sacra Raya 煤矿
加拿大	Brule 煤矿	Grand Cache 露天煤矿 Willow Creek 煤矿 Wolverine 煤矿
哥伦比亚		El Hatillo 煤矿
蒙古		Mandakh Nuur 煤矿
莫桑比克	Chirodzi 煤矿	Benga 煤矿
南非		Umlabu 煤矿

来源：Wood Mackenzie。

三、 贸易

（一）总体情况

1. 全球煤炭贸易量由降转增

2016 年全球煤炭贸易量（按出口）估算为 13.4 亿吨，由 2015 年的下降 4.1% 转为增长 2.1%（见图 1-23），主要受中国和东南亚经济体煤炭进口量大幅增加拉动。主要进口国中，中国进口量由 2015 年的大幅下降转为大幅增长，印度、日本、韩国小幅下降（见图 1-24）；主要出口国中，澳大利亚和印度尼西亚小幅增长，俄罗斯、哥伦比亚、蒙古显著增长，仅南非和美国小幅下降（见图 1-25）。

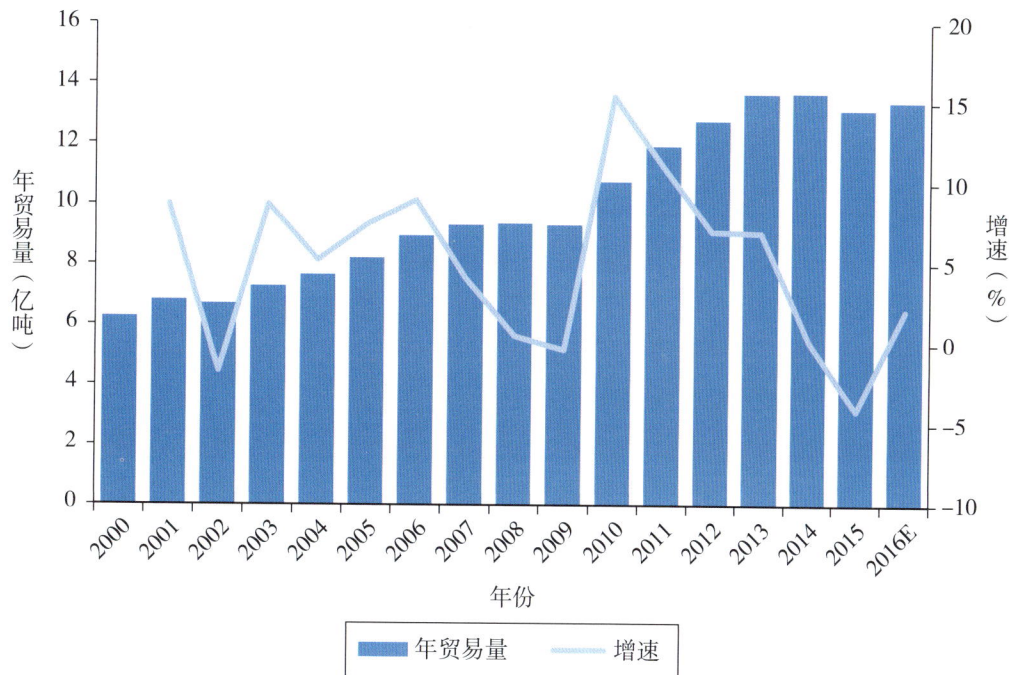

图 1-23　全球煤炭贸易量及增速（2000—2016 年）

来源：IEA Coal Information、神华科学技术研究院。

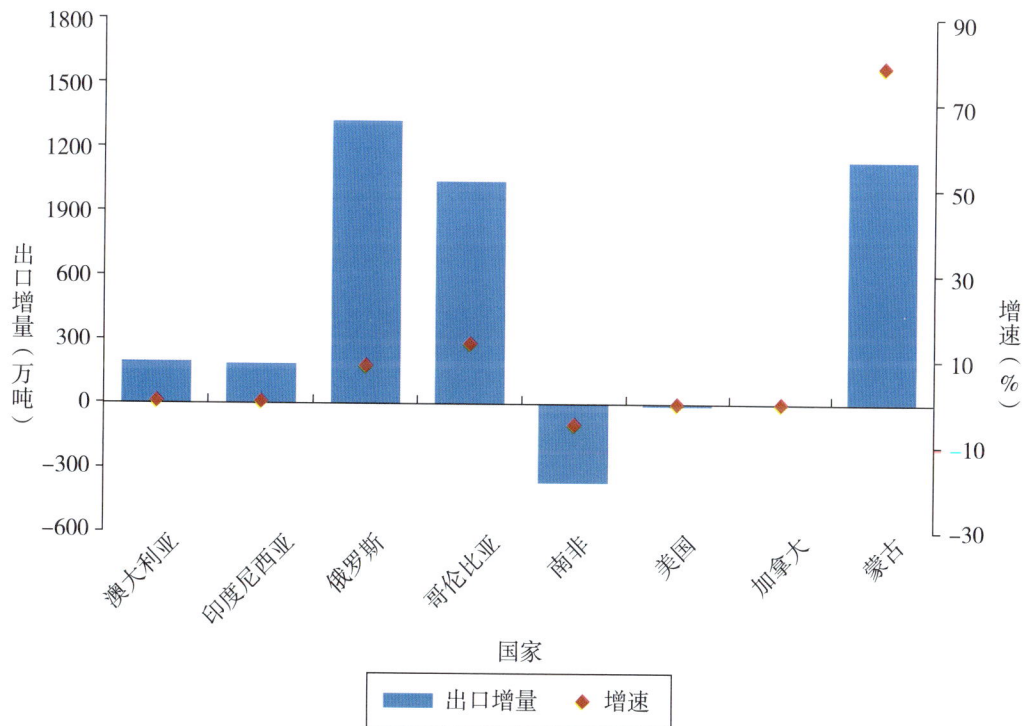

图 1-24　2016 年全球主要煤炭出口国出口增量及增速

来源：各国官方公布数据。

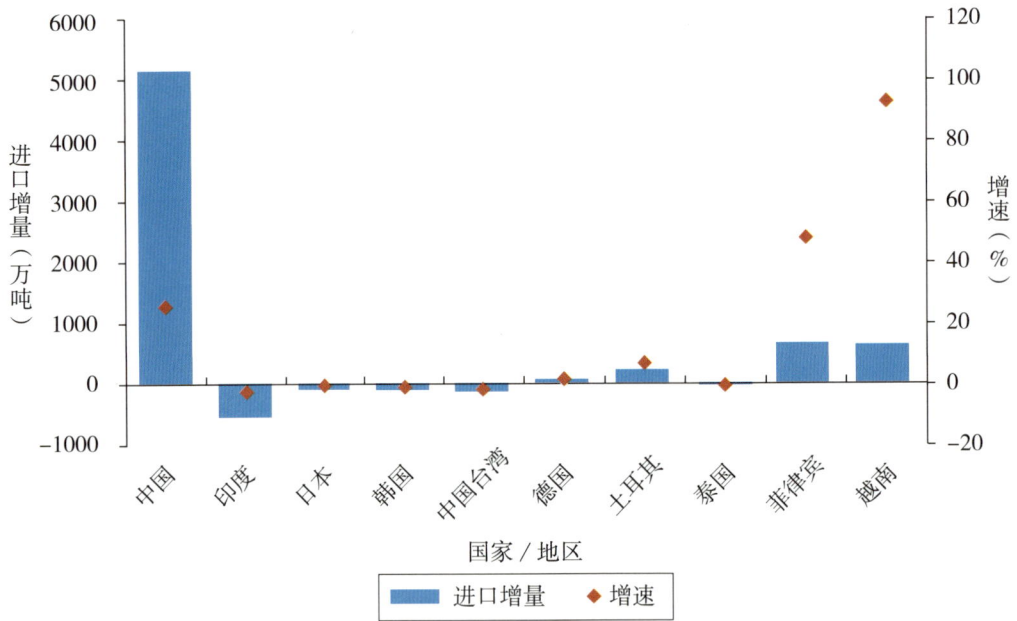

图 1-25　2016 年全球主要煤炭进口国/地区进口增量及增速

来源：各国官方公布数据。

2. 动力煤贸易量增长 0.9%

全球动力煤贸易量占到全球煤炭贸易总量的 75% 以上。2016 年，全球动力煤贸易量仅增长 0.9%（见图 1-26），小于全球煤炭贸易量 2.1% 的增幅。动力煤贸易增幅偏

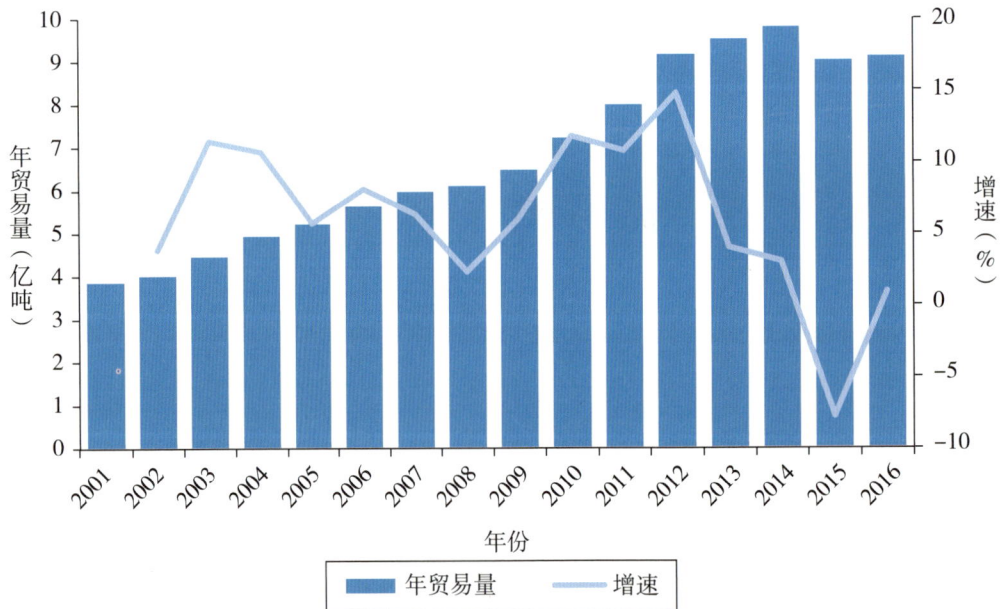

图 1-26　全球海运动力煤贸易量及增速（2001—2016 年）

来源：IHS Markit 、神华科学技术研究院。

小主要是由于印度和欧洲动力煤进口大幅减少。其中，印度受政府限制国营电厂进口动力煤、提高对煤炭征收的清洁能源税税率等影响，动力煤进口量大幅下降14.6%；而欧洲燃煤电站加速向天然气和可再生能源发电转换，大量煤电项目搁置，投产项目减少，动力煤进口需求明显减弱，动力煤进口下降12.2%；俄罗斯、哥伦比亚、南非等传统对欧出口国对欧洲动力煤出口在其动力煤出口总量中占比均出现下降（见表1-4）。

表1-4　　　　　　　全球各区域动力煤贸易情况（2015年、2016年）　　　　单位：亿吨

进口贸易	2015年	2016年	出口贸易	对太平洋		对大西洋	
				2015年	2016年	2015年	2016年
太平洋区域	6.99	7.29	印度尼西亚	3.56	3.62	0.09	0.08
东亚	4.42	4.75	澳大利亚	2.01	1.99	0.01	0.01
南亚	1.76	1.62	俄罗斯	0.52	0.63	0.66	0.66
东南亚	0.61	0.72	哥伦比亚	0.06	0.17	0.74	0.72
拉美	0.16	0.18	南非	0.49	0.56	0.26	0.18
大西洋区域	2.02	1.80	美国	0.09	0.04	0.14	0.09
欧洲	1.80	1.58	波兰	0.00	0.00	0.05	0.04
北美	0.11	0.10	加拿大	0.02	0.02	0.00	0.00
拉美	0.11	0.12	中国	0.01	0.04	0.00	0.00

来源：IHS Markit、神华科学技术研究院。

3. 全球煤炭贸易进一步向亚太地区集中

2016年亚太地区（亚洲和西太平洋地区）煤炭进口量估算为9.6亿吨，占到全球煤炭进口贸易量的约71.5%（见图1-27），占比较2015年扩大1.4个百分点。主要进口国中国、印度、日本、韩国以及东南亚地区进口需求强劲。澳大利亚和印度尼西亚仍为主要出口国（见图1-28），但由于俄罗斯、哥伦比亚、蒙古出口显著增加，两国出口占比有所缩小。2016年全球煤炭贸易流向见图1-29。

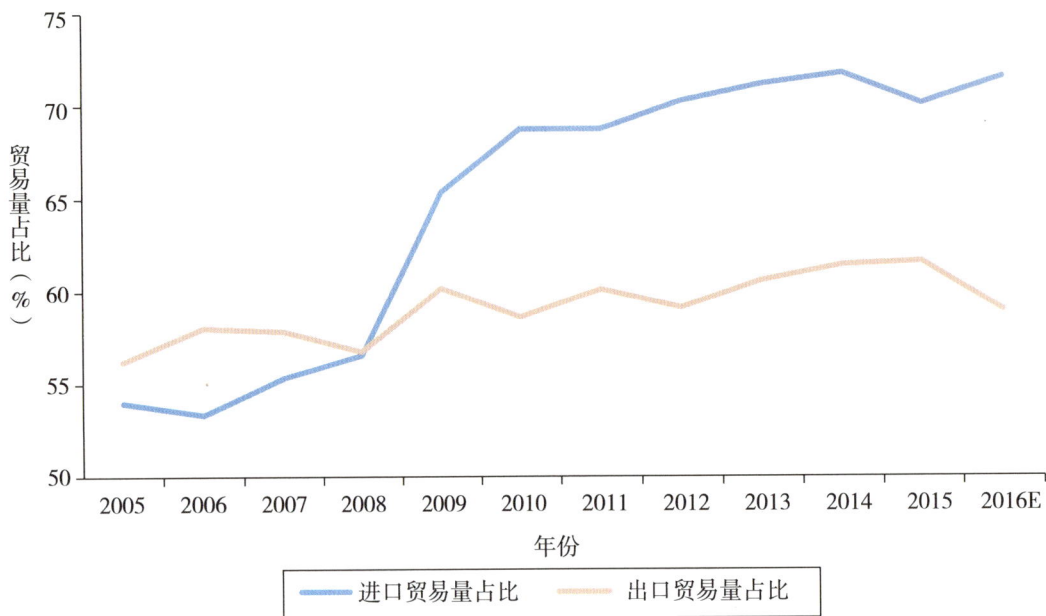

图 1-27 亚太地区煤炭贸易量占比（2005—2006 年）

来源：IEA、神华科学技术研究院。

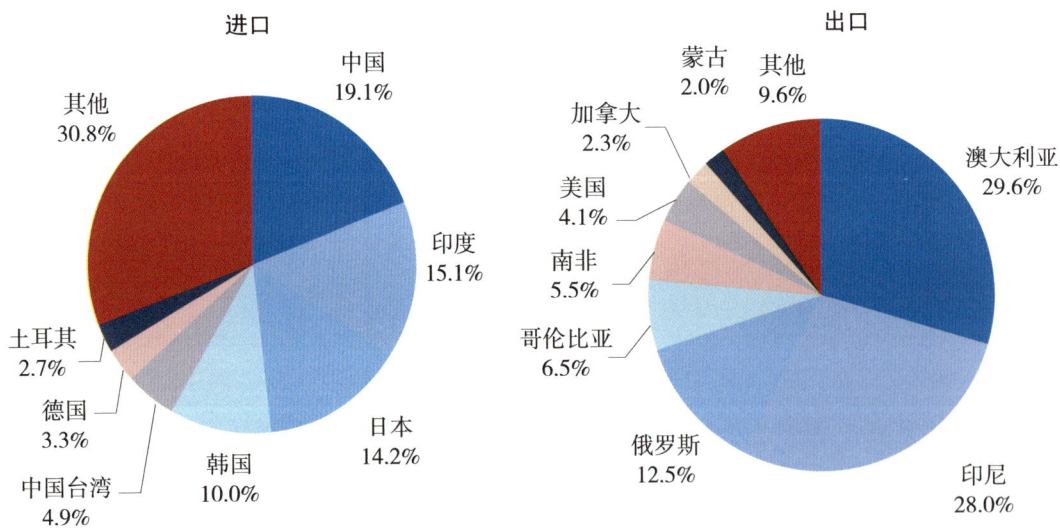

图 1-28 2016 年煤炭主要进、出口国/地区分布

来源：神华科学技术研究院。

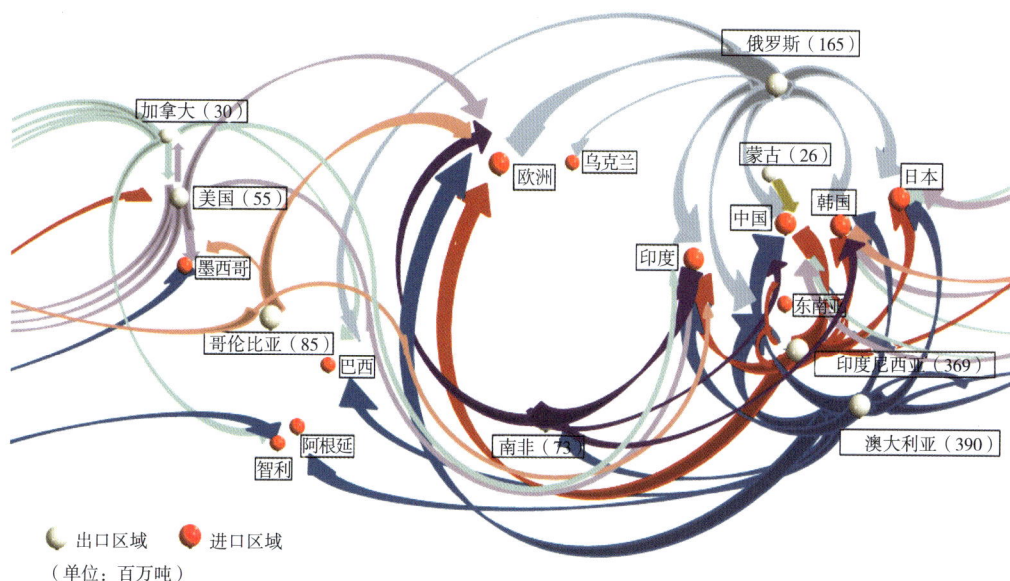

图 1-29　2016 年全球煤炭贸易流向图

来源：神华科学技术研究院。

4. 2017 年全球煤炭贸易，包括动力煤贸易量将有所下降

综合考虑 2017 年全球煤炭消费稳中略降，而中国、印度等主要消费国国内煤炭供应预期增加等因素，预计 2017 年全球煤炭贸易，包括动力煤贸易量将有所下降。

从进口区域来看，2017 年进口仍将集中在亚洲，东南亚为主要增长区域，东亚和印度增长受限，但保持较大规模。其中，中国受限产政策放宽带动国内供应增加影响进口量预期回落；印度动力煤进口受限，炼焦煤进口受国内钢铁需求旺盛、国内可采炼焦煤资源短缺影响或持续增加，但规模偏小，煤炭进口总量难以增加；日本、韩国进口量相对稳定；东南亚煤炭需求保持快速增长，目前拟在建燃煤电厂装机容量仅次于东亚和南亚，随着区域内天然气储量减少部分发电燃料转向进口煤炭，煤炭进口预计保持较快增长。另外，欧洲新兴经济体土耳其拟在建电厂中大部分（约 8400 兆瓦）需要依靠进口煤，煤炭进口预计保持快速增长，是除东南亚外另一个进口增长区域。

从出口区域来看，2017 年印度尼西亚出口可能下降，澳大利亚出口相对稳定，俄罗斯、蒙古、美国出口预计增长。印度尼西亚需要优先满足国内快速增长的电厂需求，加上中国进口需求下降、全球偏向使用高热值煤等因素，煤炭出口可能下降。澳大利亚煤炭出口成本低、煤质好，竞争优势明显，但受中国需求减弱、台风天气等影响出口增长受限，预计维持相对稳定。俄罗斯和蒙古政府均致力于扩大出口，随着两国铁路等基础设施不断完善，出口成本有望下降，出口量预计保持增长。美国煤炭产量预期增加，而需求受天然气价格低位影响增长有限，煤炭出口预期增加，但由于美元走强，且后期随着煤炭价格逐渐回调，美国煤炭竞争力将逐渐减弱，出口增幅有限。

（二） 进口

1. 进口增长集中在中国，印度进口量小幅下降

2016 年，中国进口煤炭 2.56 亿吨，同比大增 25.2%，成为拉动全球煤炭贸易增长的主要动力，进口增长主要受国内限产及煤价回升影响；第二大进口国印度进口煤炭 2.0 亿吨，同比小幅下降 2.6%，主要受国内产量增加、政府限制国营电厂进口煤炭、针对煤炭征收的清洁能源税税率提高等影响，减少的主要为动力煤进口量（见图 1－30、图 1－31）。

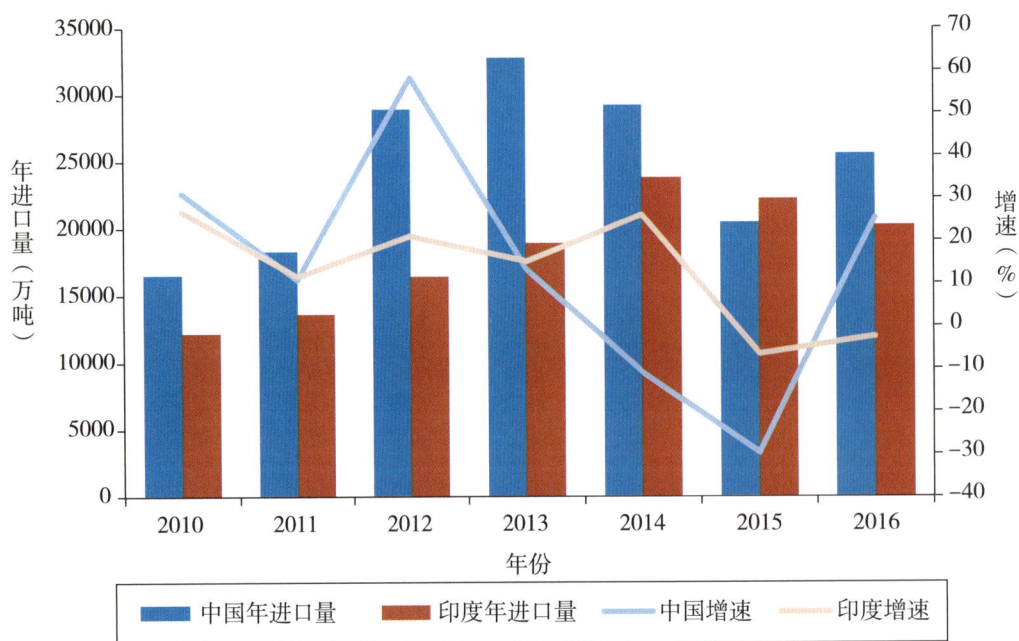

图 1－30　中国和印度煤炭进口量及增速（2010—2016 年）

来源：IEA、神华科学技术研究院。

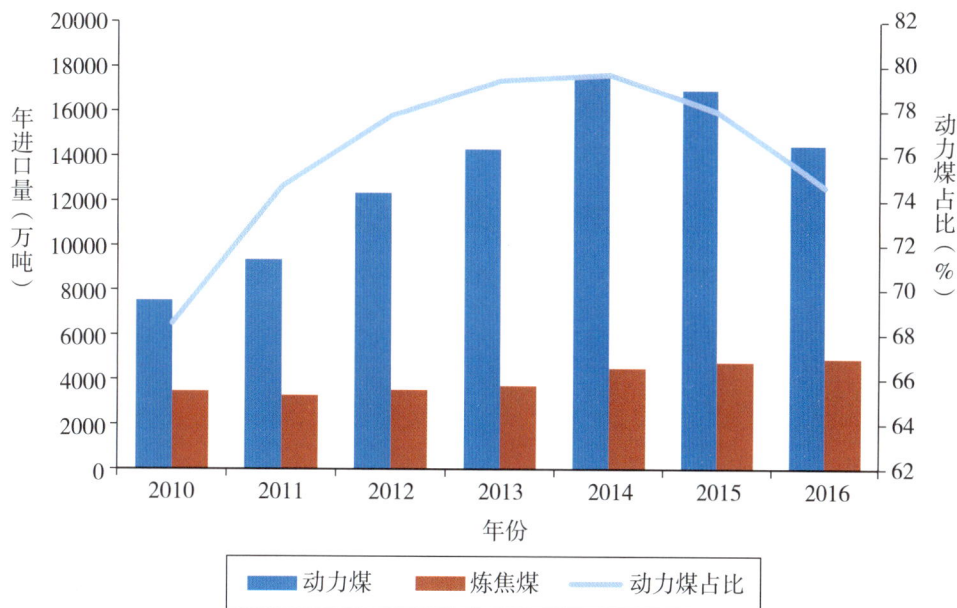

图 1-31 印度动力煤和炼焦煤进口量及占比（2010—2016 年）

来源：IHS Markit。

2. 日本、韩国进口量相对稳定

日本、韩国煤炭需求相对稳定，进口量小幅波动。2016 年日本进口煤炭 1.9 亿吨，同比下降 0.5%；韩国进口 1.3 亿吨，同比下降 0.8%（见图 1-32）。虽然近几年两国在建燃煤发电装机容量较大，但短期投产较少，煤炭需求增长有限。

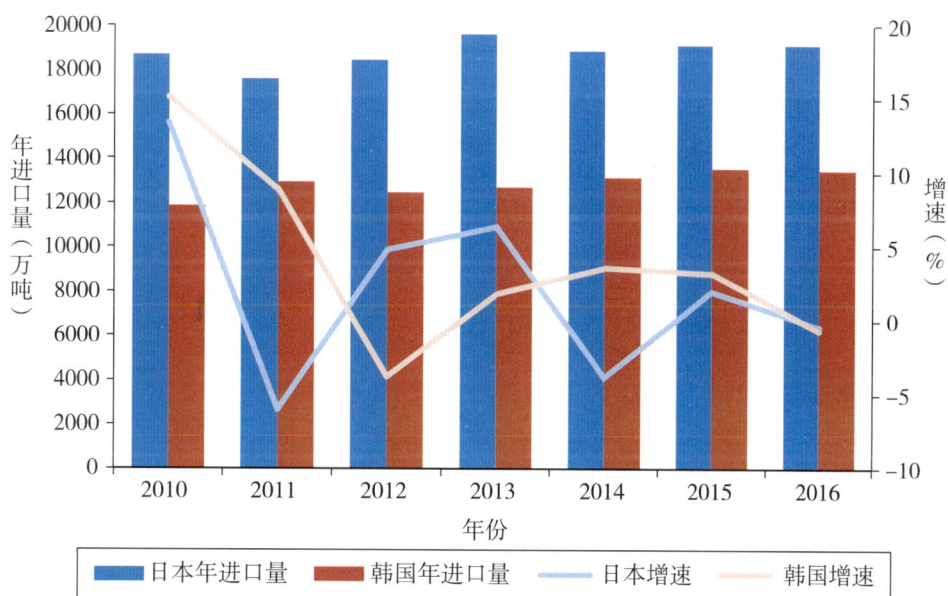

图 1-32 日本和韩国煤炭进口量及增速（2010—2016 年）

来源：IEA、神华科学技术研究院。

3. 东南亚和土耳其进口增长较快

近年来，东南亚主要经济体电力需求快速增加，而主要发电能源天然气由于本地储量减少在发电结构中的占比逐渐下降，廉价煤炭是其最主要的替代发电燃料选择，所以带动区域内煤炭进口量快速增加。2016年东南亚菲律宾、越南分别进口煤炭2079万吨和1333万吨，同比分别大幅增长47.8%和92.4%（见图1-33）。欧洲新兴经济体土耳其受经济快速发展拉动进口增长较快，2016年进口煤炭3622万吨，同比增长6.8%（见图1-33），是欧洲煤炭进口的一个亮点。

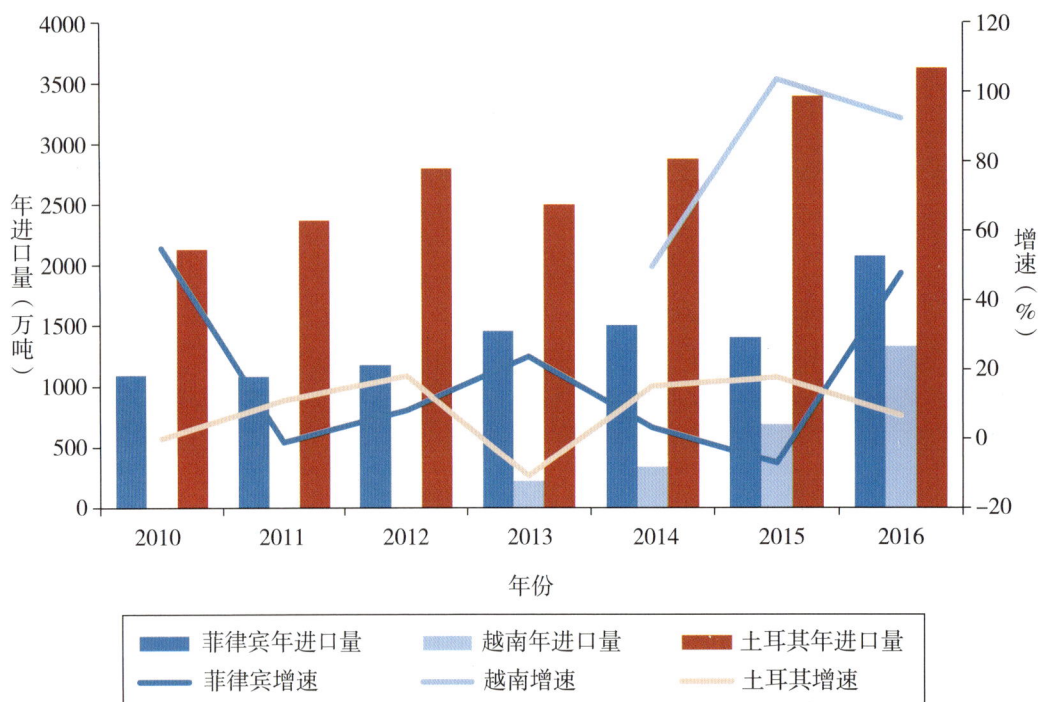

图1-33 菲律宾、越南和土耳其煤炭进口量及增速（2010—2016年）

来源：IEA、神华科学技术研究院。

（三）出口

1. 澳大利亚出口量小幅增长，维持全球最大的出口国地位

2015年，受印度尼西亚煤矿大面积关停、出口量显著收缩影响，澳大利亚重新成为全球最大的煤炭出口国。2016年，澳大利亚出口煤炭3.9亿吨，较2015年增长0.5%，维持小幅增长（见图1-34）。澳大利亚煤炭出口成本在全球处于较低水平，且煤炭热值

高，煤质好，在国际市场极具竞争优势。2016 年受洪水、罢工等影响，煤炭出口受限，加上中国沿海电厂大量增加印度尼西亚低热值煤掺烧，挤占了部分澳大利亚高热值煤出口份额，澳大利亚煤炭出口量仅维持小幅增长。

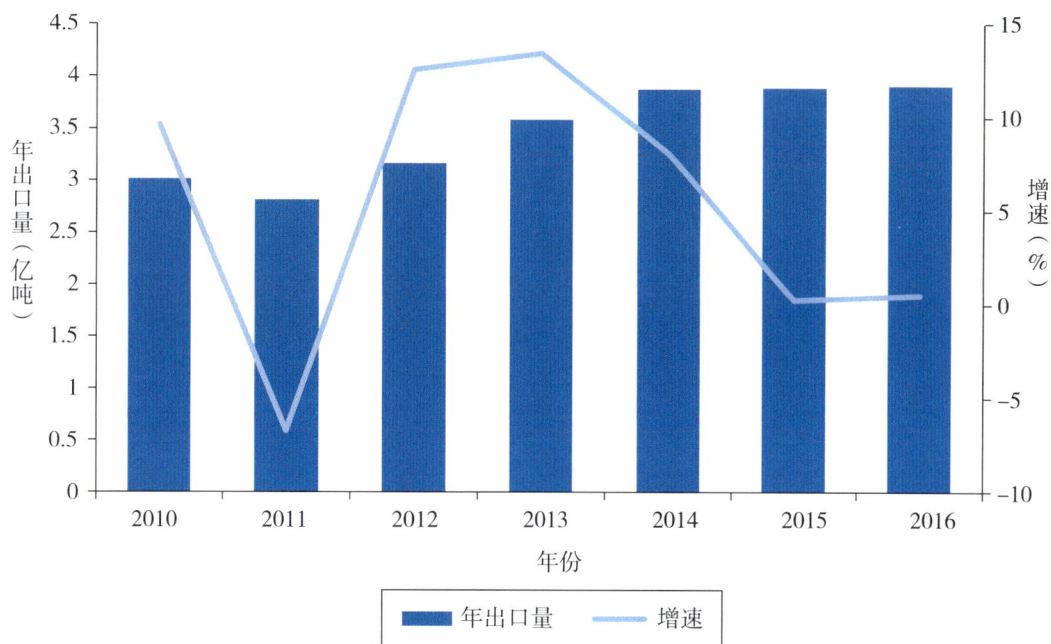

图 1-34　澳大利亚煤炭出口量及增速（2010—2016 年）

来源：IEA、神华科学技术研究院。

2. 印度尼西亚出口由降转增

印度尼西亚 2016 年出口煤炭 3.7 亿吨，由 2015 年的下降 10.1% 转为增长 0.5%（见图 1-35）。印度尼西亚主要出口动力煤，一直是全球最大的动力煤出口国，出口的动力煤热值较低，但低硫低灰，且成本低，具有竞争优势，绝大部分出口至亚洲。2016 年，虽然对印度出口受印度大幅提高低热值煤清洁能源税等影响下降 23.5%，但对中国出口大增 39%，增长主要来自褐煤（同比增 51.1%），带动其出口量由 2015 年的显著下降转为小幅增长。

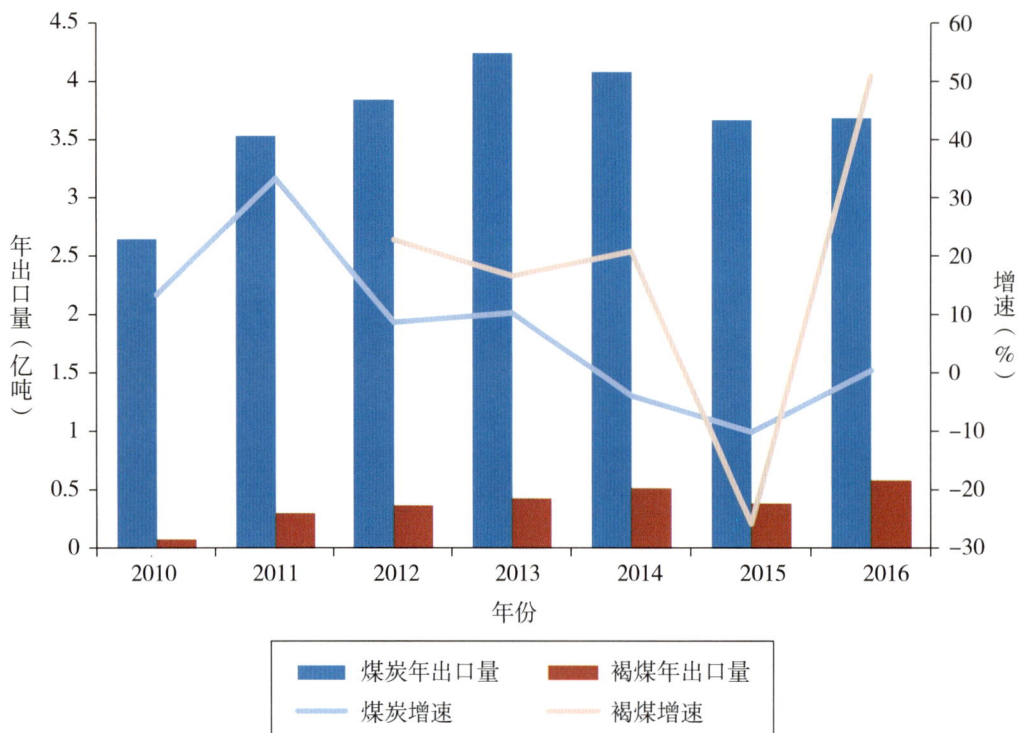

图1-35 印度尼西亚煤炭出口量及增速（2010—2016年）

来源：IEA、IHS Markit、神华科学技术研究院。

3. 俄罗斯、哥伦比亚和蒙古出口量显著增加

2016年，俄罗斯、哥伦比亚和蒙古分别出口煤炭1.7亿吨、9487万吨和2581万吨，较2015年分别增长8.7%、15.8%和78.3%（见图1-36）。在中国需求增加和国际煤价大幅上涨的背景下，俄罗斯和蒙古凭借其成本优势加大对中国等国出口；哥伦比亚2016年扩建煤炭出口码头，出口能力显著扩大，带动出口量增长。受欧洲需求下降，亚洲需求快速增加影响，俄罗斯和哥伦比亚对亚洲出口占比显著增加，哥伦比亚对韩国与印度等国新增较多出口。

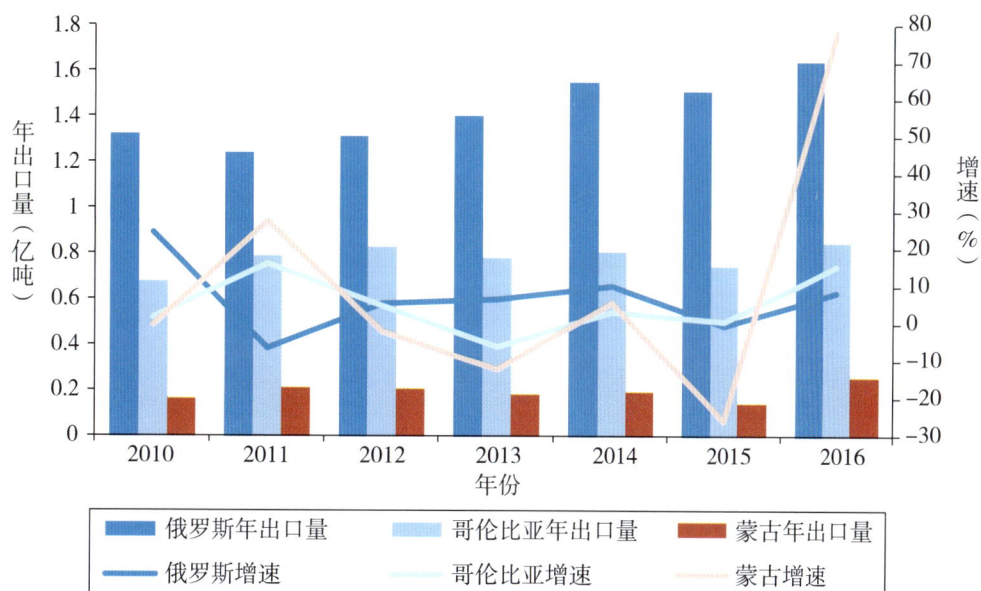

图 1 –36　俄罗斯、哥伦比亚和蒙古煤炭出口量及增速（2010—2016 年）

来源：IEA、神华科学技术研究院。

4. 美国出口降幅收窄

2016 年，美国出口煤炭 5468 万吨，较 2015 年下降 18.5%，降幅收窄 5.5 个百分点。美国煤炭出口成本相对较高，主要出口欧洲，近年来受煤价大幅下跌影响国内产量和出口量快速下降，2016 年受四季度出口增加影响，全年出口降幅有所收窄（见图 1 –37）。

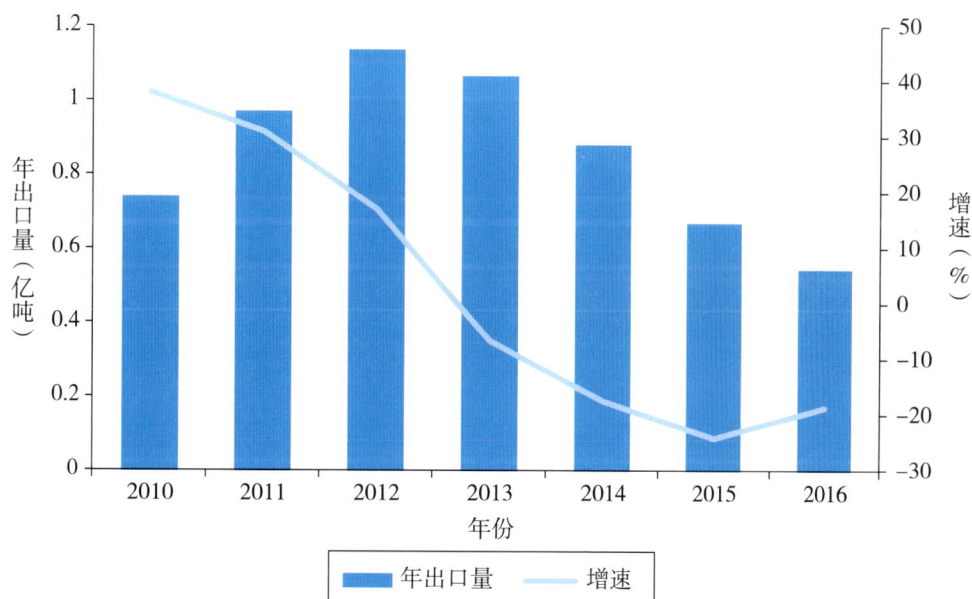

图 1 –37　美国煤炭出口量及增速（2010—2016 年）

来源：IEA、神华科学技术研究院。

四、 价格

（一） 动力煤

1. 全球动力煤价格 2016 年大幅上涨，11 月高位回落

2016 年全球动力煤价格在前期价格超跌的情况下逐渐企稳，自下半年出现大幅上涨，并在 2016 年 10—11 月迅速走高，全球主要港口动力煤价格上涨幅度普遍超过 100%；11 月中旬高位回落（见图 1－38）。此轮价格上涨，是产需两方共同作用的结果：**生产方面**，中国 276 个工作日减量化生产措施促使动力煤产量持续下降、局部地区洪涝灾害等因素影响动力煤生产和运输，澳大利亚受洪水灾害影响动力煤出口下降等因素叠加，导致动力煤短期供应不足；**需求方面**，中国水力发电不足及夏季持续高温等拉动动力煤消耗明显增长，法国和韩国等国家核电停运拉动燃煤发电需求增加等多重因素促使动力煤需求增加。11 月中旬，中国国内先进产能释放有效缓解供应紧张，煤炭长协签订稳定市场，动力煤价格逐渐回落。

中国动力煤价格引领亚洲动力煤价格变化，以亚洲主要港口价格变化为例，中国南方港口 6000kcal/kg 动力煤 CFR 价格，2016 年 11 月 18 日升至高位 102.4 美元/吨，较年初上涨 116.5%；年底 82.0 美元/吨，较高位回落 19.9%。澳大利亚动力煤价格涨幅相对较高，纽卡斯尔（NEWC）6000kcal/kg 动力煤 FOB 价格，2016 年 11 月 11 日升至高位 110.3 美元/吨，较年初上涨 119.3%，自身供应不足是澳大利亚动力煤上涨幅度最高的主要原因；年底 92.7 美元/吨，较高位回落 16.0%。印度尼西亚 4700kcal/kg 动力煤 FOB 价格，2016 年 11 月 18 日升至高位 74.2 美元/吨，较年初上涨 101.1%；年底 55.3 美元/吨，较高位回落 25.5%。（见图 1－38、表 1－5）

南非作为亚洲和欧洲动力煤市场之间的主要纽带，动力煤价格在亚洲动力煤价格拉动下同步上涨，南非理查德（RB）6000kcal/kg 动力煤 FOB 价格在 2016 年 11 月 18 日升至高位 99.8 美元/吨，较年初上涨 101.6%；年底 85.8 美元/吨，较高位回落 14.0%（见图 1－38、表 1－5）。

欧洲动力煤价格上涨较其他区域略晚，西北欧 6000kcal/kg 动力煤 CIF 价格，在 2016 年 12 月 23 日价格升至高位 95.5 美元/吨，较年初上涨 96.5%；欧洲动力煤价格

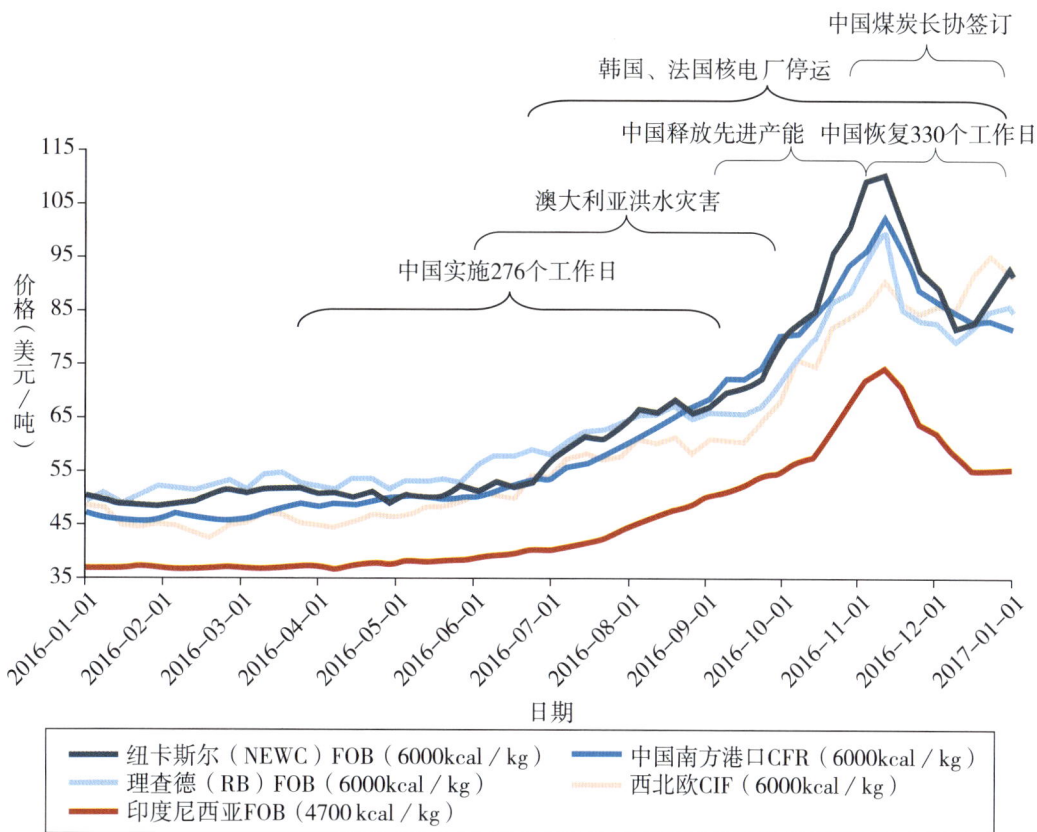

图 1-38　全球动力煤价格走势及主要影响事件（2016 年 1—12 月）

来源：IHS Markit、Wood Mackenzie、神华科学技术研究院。

表 1-5　　　　　　　　全球动力煤价格年度变化情况（2016 年）　　　　　　单位：美元/吨

动力煤价格指数	2016 年均价	同比	年初	最高	年末	最高价格较年初涨幅	年末较最高价格跌幅
纽卡斯尔（NEWC）FOB（6000kcal/kg）	65.2	12.9%	50.3	110.3	92.7	119.3%	-16.0%
中国南方港口 CFR（6000kcal/kg）	62.7	6.7%	47.3	102.4	82.0	116.5%	-19.9%
理查德（RB）FOB（6000kcal/kg）	64.2	12.2%	49.5	99.8	85.8	101.6%	-14.0%
西北欧 CIF（6000kcal/kg）	59.9	5.4%	48.6	95.5	91.8	96.5%	-3.9%
印度尼西亚 FOB（4700kcal/kg）	46.2	9.3%	36.9	74.2	55.3	101.1%	-25.5%

来源：IHS Markit、神华科学技术研究院。

上涨，一方面受到全球动力煤价格上涨拉动，另一方面法国等国家核电停运导致动力煤需求增加；年底91.8美元/吨，较高位回落3.9%（见图1-38、表1-5）。

2.高热值动力煤单位热值价格更高

从全球范围来看，高热值动力煤单位热值价格更高，单位热值价格的价差在逐渐扩大。以澳大利亚纽卡斯尔和印度尼西亚为例，2016年，纽卡斯尔港6000kcal/kg动力煤单位热值价格始终高于同港口5500kcal/kg动力煤，价差从一季度0.0011美元/吨扩大到四季度0.0023美元/吨；印度尼西亚4700kcal/kg动力煤单位热值价格始终高于同港口3800kcal/kg动力煤，价差从一季度0.0024美元/吨扩大到四季度0.0044美元/吨（见图1-39、图1-40）。这主要受全球煤炭价格低位、各国环保工作日益重视、多国对低热值动力煤进口进行限制或征收税费等综合因素影响。

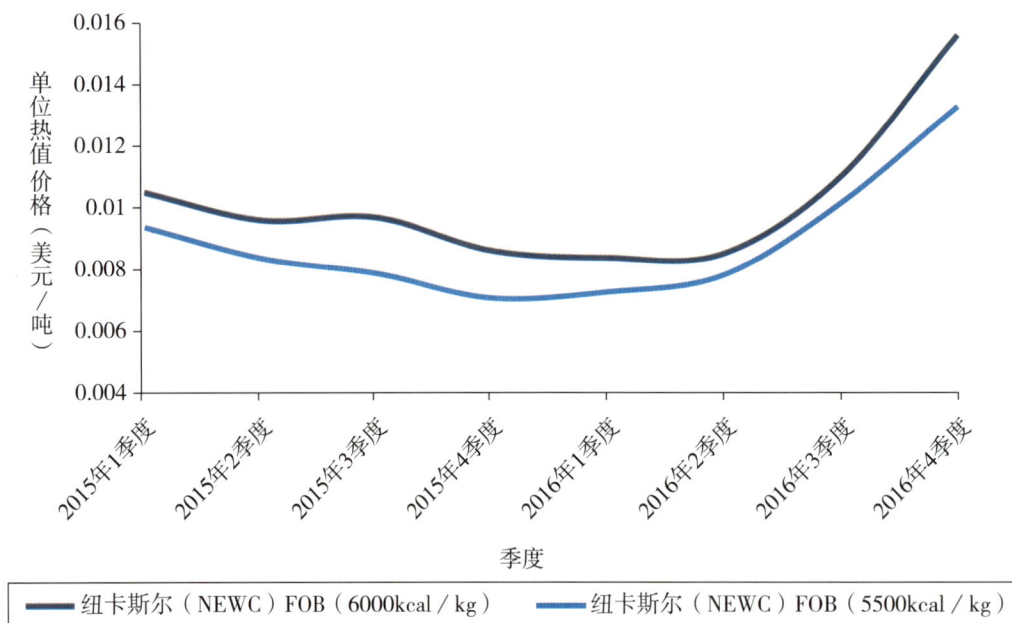

图1-39　高热值动力煤单位热值价格比较（2015年1季度—2016年4季度）

来源：IHS Markit、神华科学技术研究院。

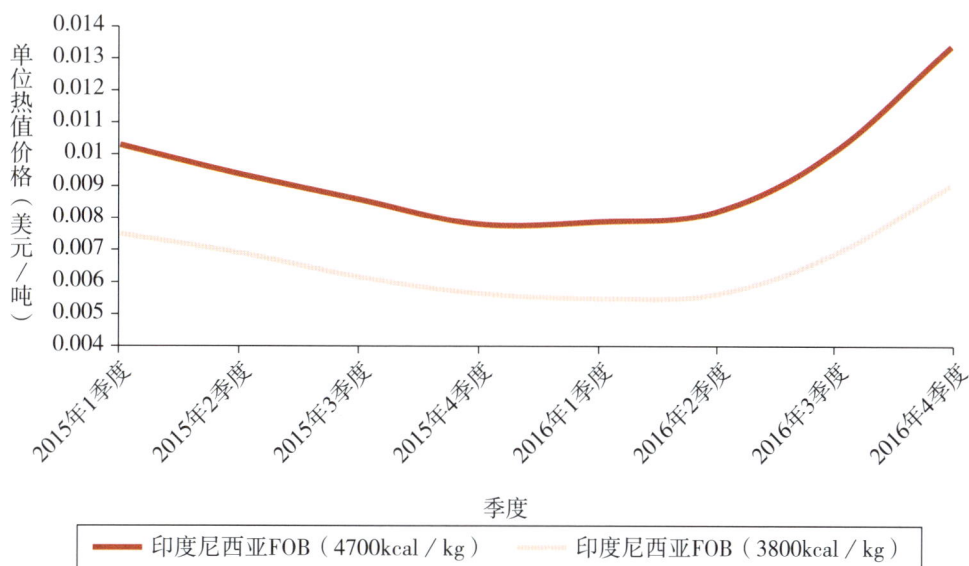

图 1-40　中低热值动力煤单位热值价格比较（2015 年 1 季度—2016 年 4 季度）

来源：IHS Markit、神华科学技术研究院。

3. 2017 年全球动力煤价格预计将随中国动力煤价格逐渐回落

综合考虑全球煤炭供求关系、产需关系，考虑到 2016 年 10—11 月煤炭价格在短期供应紧缺情况下急剧上涨，在全球煤炭产能宽松、动力煤产需相对弱平衡状态下，预计 2017 年全球动力煤价格将在中国动力煤价格带领下逐渐回落。

从**全球煤炭供求关系**来看，全球煤炭产能宽松局面没有发生根本改变，虽然中国政府 2016 年"去产能"工作取得较大进展，但从**全球产能综合利用率**来看，2016 年全球主要产煤国家煤炭产能利用率平均在 85% 左右，产能利用率不高，供应端可以在不需要进行重大基础设施投入的情况下能够对价格上涨做出较快反应；从**全球动力煤产需关系**来看，2017 年动力煤产需可能出现相对弱平衡状态，生产方面，2017 年全球煤炭生产将稳定增加，一方面，中国政府考虑到煤炭价格合理回归、煤炭供应将逐渐增加；另一方面，如果没有恶劣天气影响，澳大利亚出口将继续保持稳定；需求方面，受全球能源替代、环保约束等影响，在不出现极端天气情况下，全球动力煤需求可能稳中略降。

从**当前典型港口动力煤价格走势**来看，2016 年年底，全球动力煤价格已经出现高位回落，到 2017 年 2 月中下旬，全球主要港口动力煤价格表现出继续震荡回落迹象，纽卡斯尔（NEWC）6000kcal/kg 动力煤 FOB 价格从 2016 年年底 92.7 美元/吨下降到 82.8 美元/吨，中国南方港口 6000kcal/kg 动力煤 CFR 价格从 2016 年年底 82.0 美元/吨下降到 80.6 美元/吨（见图 1–41）。

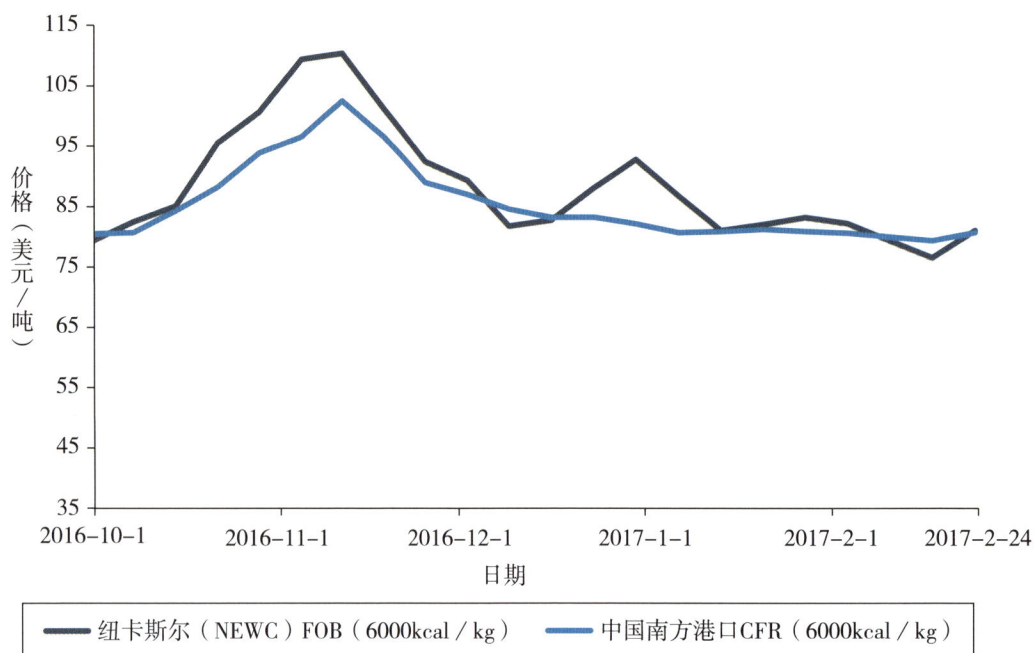

图 1–41　全球典型港口动力煤价格走势（2016 年 10 月—2017 年 2 月）

来源：IHS Markit、Wood Mackenzie、神华科学技术研究院。

（二）炼焦煤

1. 全球炼焦煤价格 2016 年大幅上涨，涨幅高于动力煤涨幅，澳大利亚上涨显著，12 月出现回落迹象

2016 年全球炼焦煤价格逐渐企稳，自下半年出现大幅上涨，并在 2016 年 10—11 月迅速走高，全球主要港口炼焦煤价格上涨幅度普遍超过 100%，12 月出现回落迹象。此轮价格上涨，同样是供需两方共同作用的结果：**供应方面**，澳大利亚洪水灾害导致昆士兰州炼焦煤供应严重不足是炼焦煤价格上涨幅度大于动力煤的重要因素，叠加中国持续实施 276 个工作日减量化生产措施促使炼焦煤产量持续下降，局部地区洪涝灾害等因素影响炼焦煤生产和运输等因素，全球炼焦煤供应严重不足；**需求方面**，基础建设投资拉动全球钢铁产量自 5 月开始有所回暖，国际粗钢产量同比增加明显，且增量逐月增加（见图 1–42），带动炼焦煤需求回升。12 月中旬，受年底淡季因素影响，加上中国国内先进产能释放缓解供应紧张等多方面稳定市场措施，炼焦煤价格出现回落迹象。

中国日照港主焦煤 FOB 价格，2016 年 11 月月均价格升至高位 264.5 美元/吨，较年初上涨 115.9%；年底价格略有回落，12 月月均价格 263.5 美元/吨，较高位回落 0.4%。澳大利亚主焦煤 FOB 价格涨幅巨大，2016 年 11 月，月均价格升至高位 294.7 美元/吨，较年初上涨 282.7%，昆士兰州炼焦煤供应严重短缺是拉动价格上涨的重要因素；12 月月均价格 275.0 美元/吨，较高位回落 6.7%。美国高灰分、高挥发分主焦煤 FOB 价格，2016 年 12 月月均价格升至高位 236.8 美元/吨，较年初上涨 209.9%（见图 1-42、表 1-6）。

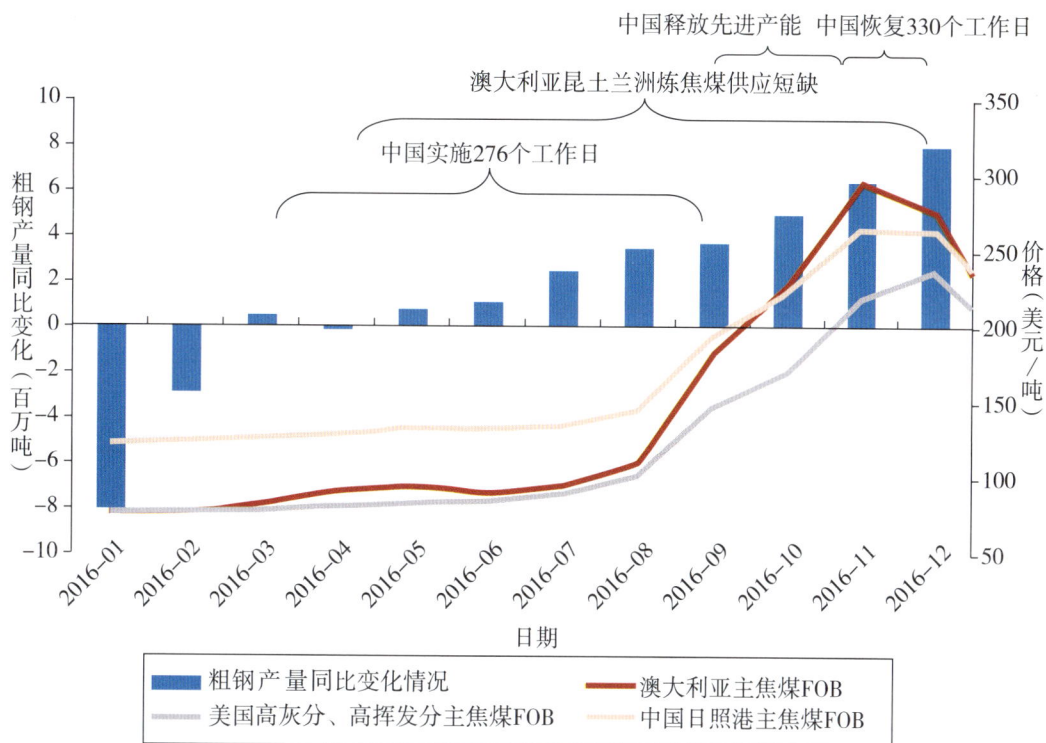

图 1-42　全球炼焦煤价格走势及主要影响事件（2016 年 1—12 月）

来源：IHS Markit、Wood Mackenzie、国际钢铁协会、神华科学技术研究院。

表 1-6　　　　　　　　　全球炼焦煤价格年度变化情况（2016 年）　　　　　　　　单位：美元/吨

炼焦煤价格	2016 年均价	同比	年初	最高	年末	最高价格较年初涨幅	年末较最高价格跌幅
澳大利亚主焦煤 FOB	141.1	53.8%	77.0	294.7	275.0	282.7%	-6.7%
中国日照港焦煤 FOB	173.0	15.6%	122.5	264.5	263.5	115.9%	-0.4%
美国高灰分、高挥发分主焦煤 FOB	120.4	25.7%	76.4	236.8	236.8	209.9%	—

来源：IHS Markit、神华科学技术研究院。

2. 2017 年全球炼焦煤价格将高位回落，并逐渐企稳

综合考虑全球煤炭供求关系、产需关系，结合 2016 年后期炼焦煤价格急剧上涨，预计 2017 年，全球炼焦煤价格将逐渐回落，但考虑到粗钢产量稳中略增，预计全球炼焦煤价格将有所企稳。

从全球煤炭供求关系来看，全球煤炭产能宽松局面没有发生根本改变；从全球炼焦煤产需关系来看，2017 年，在不出现极端天气的情况下，中国、澳大利亚等国炼焦煤供应将逐渐增加，带动全球炼焦煤生产稳定增加；而炼焦煤需求受全球粗钢产量同比继续增加等影响（见图 1-43）将稳中略增。从当前典型港口炼焦价格走势来看，2016年年底，全球炼焦煤价格已经出现高位回落迹象，到 2017 年 2 月，全球主要港口炼焦煤价格逐渐回落，中国日照港主焦煤 FOB 价格从 2016 年年底 263.5 美元/吨下降到179.4 美元/吨，澳大利亚主焦煤 FOB 价格从 2016 年年底 275.4 美元/吨下降到 163.4美元/吨（见图 1-43）。

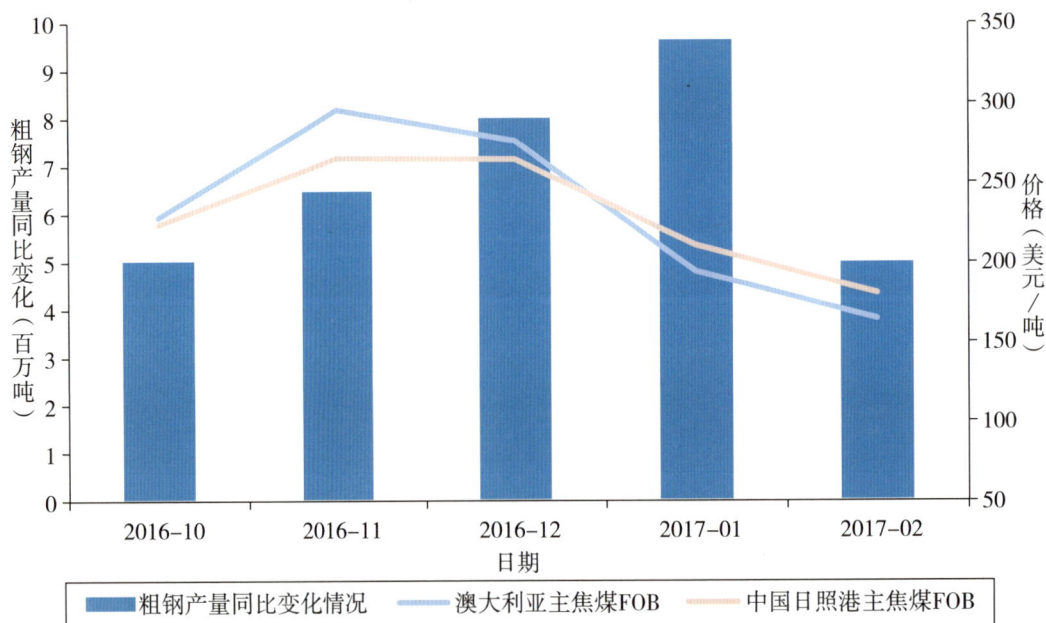

图 1-43 中国及全球炼焦煤价格形势（2016 年 10 月—2017 年 2 月）

来源：IHS Markit、Wood Mackenzie、国际钢铁协会、神华科学技术研究院。

第二部分
中国煤炭市场

观点提要

● 2016 年中国煤炭消费降幅收窄，主要下游需求企稳；煤炭在能源消费结构中占比下降，电力用煤在煤炭消费总量中占比提高。2016 年中国煤炭消费量初步核算为39.1 亿吨，较 2015 年下降 1.4%，降幅收窄 2.5 个百分点；其中，电力、钢铁、建材、化工四大行业耗煤同比分别增长 0.3%、0.2%、0.1%、5.7%，其他耗煤下降11.0%。煤炭在能源消费结构中占比 62.0%，下降 2 个百分点；电力用煤在煤炭消费总量中占比 47.6%，提高 0.8 个百分点。综合考虑中国经济调整趋稳、环保约束及替代能源发展等因素，在不考虑异常气候因素情况下，预计 2017 年煤炭消费量基本维持在 2016 年水平。

● 2016 年中国煤炭去产能取得成效，产量下降明显。2016 年初步估算全国煤矿生产建设总产能为 55.8 亿吨/年，同比降低 2.3 亿吨/年；具备生产条件的产能降至 40亿吨/年左右，同比降低 1.2 亿吨/年。2016 年，减量化生产严格执行，全国煤炭产量34.1 亿吨，同比下降 9.0%。综合考虑去产能计划、在建矿井进度及煤炭产需关系，估算 2017 年具备生产条件的产能约 41.4 亿吨/年，预测 2017 年产量将稳步增加至37.5 亿~38.5 亿吨，增幅 4.2%~6.9%。

● 2016 年中国煤炭进口量显著增加，自印度尼西亚进口褐煤增加明显；出口量大幅增加，但总规模仍然较小。中国煤炭贸易以进口为主，2016 年中国进口煤炭 2.56 亿吨，转降为增，增幅 25.2%；从进口煤种来看，褐煤增幅最大（49.6%），主要来自印度尼西亚；从国别来看，自印度尼西亚进口煤炭明显增多，同比增加 40.8%。2016年出口煤炭 878.3 万吨，同比增加 64.5%。综合考虑 2017 年煤炭消费趋稳、产量稳步增加等因素，结合进口煤具有的成本和质量优势，预计 2017 年煤炭进口量将回落至2.5 亿吨以下，但仍保持较大规模。

● 2016 年中国煤炭库存明显回落。全社会库存（包括在途）2016 年明显回落，全年去库存约 1.5 亿吨。煤炭企业持续去库存，12 月末库存约 9592 万吨，同比减少499 万吨；电厂自 9 月开始补库存，重点电厂 8 月末库存约 5123 万吨，同比减少 1501万吨；港口自 9 月开始补库存，北方七港 8 月末库存约 1474 万吨，同比减少 768

万吨。

- 2016 年中国引领全球煤炭价格出现大幅上涨。动力煤价格 2016 年 10—11 月迅速走高，11 月中旬高位回落；产地价格上涨幅度大于中转港价格。秦皇岛 5500kcal/kg 动力煤平仓价，11 月升至高位 700 元/吨，较年初上涨 89.2%。准格尔 5500kcal/kg 动力煤坑口价，11 月升至高位 380 元/吨，较年初上涨 192.3%。炼焦煤价格 10—12 月大幅上涨，涨幅高于动力煤。天津港主焦煤场地价，11 月升至高位 1830 元/吨，较年初上涨 189.2%，12 月维持高位。综合考虑发改委价格异常波动预警机制出台及煤炭企业合理利润，预计 2017 年秦皇岛 5500kcal/kg 动力煤价格将从年初 630 元/吨高位逐渐回落到 500～600 元/吨；天津港主焦煤场地价从高位 1880 元/吨逐渐回落到 1100～1300 元/吨。

- 不同于全球动力煤市场，2016 年中国不同热值动力煤单位热值价格差别不大。2016 年，秦皇岛及宁波港 5500kcal/kg、5000kcal/kg、4500kcal/kg 动力煤单位热值价格基本相同；宁波港 6000kcal/kg 动力煤单位热值价格在价格高位时低于其他低热值动力煤。

- 2016 年进口煤在价格高位时表现出明显的价格优势，但成本优势逐渐减小。内贸煤与进口煤自 2016 年 11 月出现明显价差：山西 5500kcal/kg 动力煤价格最高超过进口澳大利亚、印度尼西亚煤约 60 元/吨；山西 4500kcal/kg 动力煤最高超过进口印度尼西亚煤约 115 元/吨。受动力煤价格、汇率、海运费变化等影响，进口煤到岸成本逐渐增加，成本优势逐渐减小：以到广州港到岸成本来看，一季度，澳大利亚新南威尔士州某优质煤矿（到岸成本 373 元/吨）与神东矿区某优质煤矿（到岸成本 392 元/吨）相比具有一定的成本优势；四季度，澳大利亚进口煤矿到岸成本已上涨到 466 元/吨，而神东矿区某优质煤矿到岸成本上涨到 468 元/吨。

- 2016 年中国煤炭铁路运输运力充足、运输路线趋向多元化。2016 年主要运煤通道铁路运能 23.7 亿吨/年，远超"三西"地区约 15 亿吨的煤炭铁路外运量，煤炭铁路运输能力充足。大秦铁路煤炭运输优势地位继续弱化，北方七港煤炭发运呈现分化态势。煤炭铁路运价先降后升，水运运价同比有所提高。综合考虑煤炭运输运能、运量及运输路线规划情况，预计 2017 年煤炭运输总体仍然保持宽松。

- 2017 年中国煤炭市场面临的宏观环境：经济环境方面，全球经济复苏缓慢、政治和制度的不确定性加大下行风险，中国经济调整趋稳，但仍面临较大下行压力；产业政策方面，供给侧结构性改革继续深入推进，减量化生产措施不再大范围执行，防范煤炭价格波动预警机制出台，将促进煤炭市场稳定；清洁发展与环境政策方面，煤炭消费总量控制、煤炭清洁高效利用推进，以及环保要求将长期约束煤炭行业发展。

一、需求

（一）总体情况

1. 煤炭消费量降幅收窄

2016 年，中国煤炭消费量初步核算为39.1 亿吨[①]，较2015 年下降1.4%，降幅较2015 年收窄2.5 个百分点，8—12 月出现正增长（见图2 -1、图2 -2）。中国煤炭消费量降幅收窄主要受季节性需求好于往年、水电出力不足、房地产和基建需求超预期等因素影响。

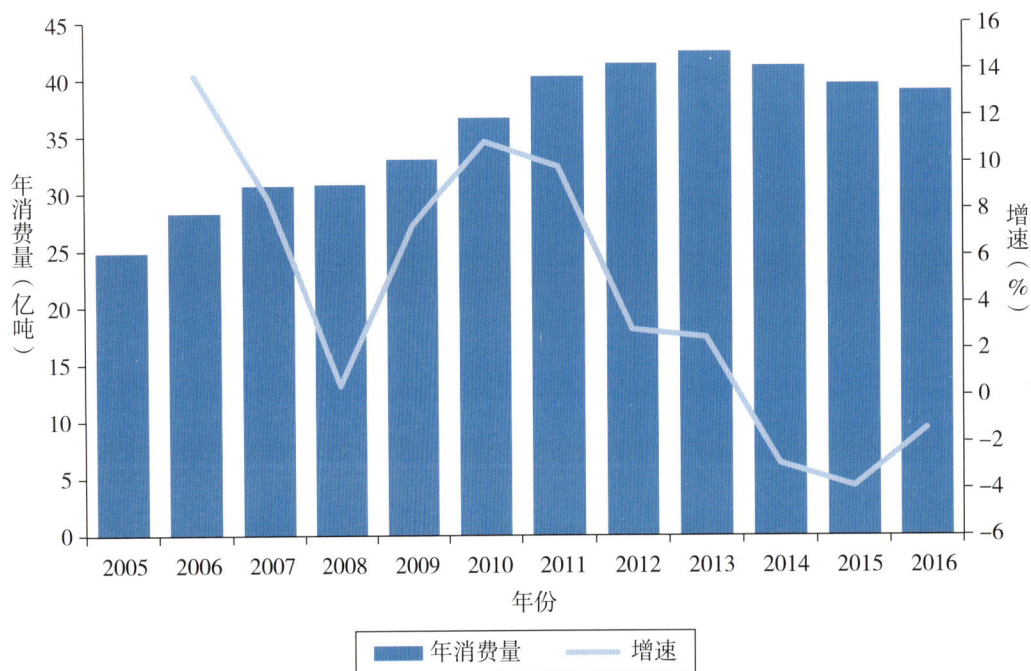

图2 -1　中国煤炭消费量及增速（2005—2016 年）

来源：国家统计局、中国煤炭运销协会、神华科学技术研究院。

[①]　结合国家统计局、中国煤炭运销协会等相关机构统计数据，以及煤炭下游行业耗煤调研等，估算2016 年中国煤炭消费量约为39.1 亿吨，较2015 年下降1.4%。

图 2－2　中国煤炭月度消费（2015—2016 年）

来源：中国煤炭运销协会。

2. 煤炭在能源消费结构中占比下降

2016 年，煤炭在中国一次能源消费结构中占比 62.0%，较 2015 年下降 2 个百分点，自 2011 年以来持续下降（见图 2－3）。

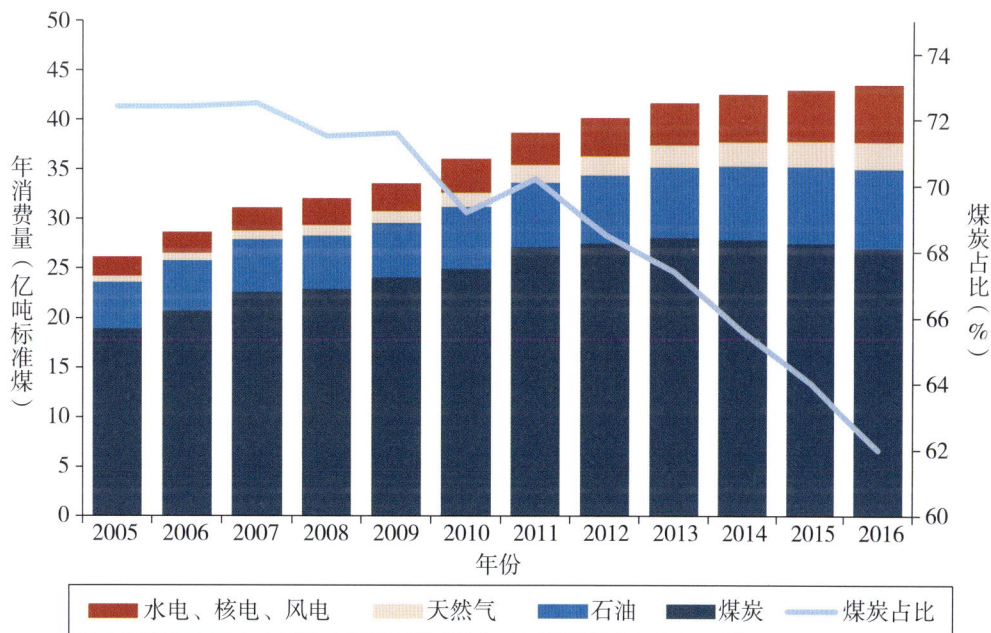

图 2－3　煤炭在中国一次能源消费结构中占比（2005—2016 年）

来源：中国国家统计局。

3. 发电用煤在煤炭消费总量中占比提高

2016 年，发电用煤占到煤炭消费总量的 47.6%，较 2015 年提高 0.8 个百分点（见图 2 – 4），但相对于美国（92.8%）等国仍然偏低。

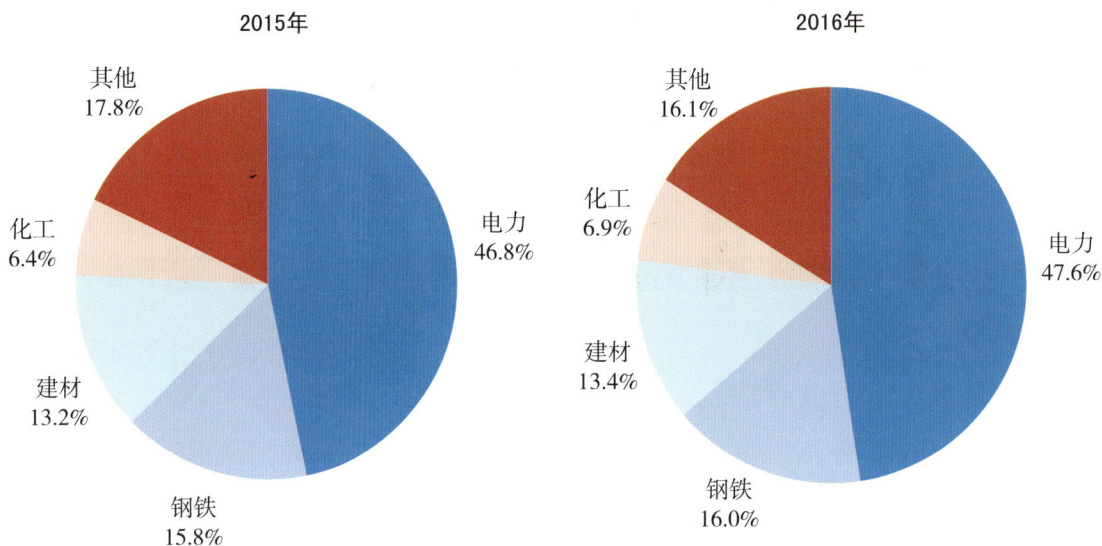

图 2 – 4　中国煤炭下游行业耗煤占比（2015 年、2016 年）

来源：中国煤炭运销协会、神华科学技术研究院。

4. 2017 年煤炭消费量预计基本保持在 2016 年水平

综合考虑中国经济调整趋稳，但仍存在下行压力，天然气、可再生能源等替代能源快速发展，节能减排、重点地区减煤限煤和散煤治理等因素影响，在不考虑异常气候因素情况下，预计 2017 年煤炭消费量基本保持在 2016 年水平。

从下游需求来看，预计电力与建材行业耗煤小幅增长、钢铁行业耗煤趋稳、化工行业耗煤增长加快、其他耗煤继续下降。其中，电力行业受经济调整趋稳推动需求增加，但受新能源和可再生能源保持快速发展、环保政策加压推动行业能耗下降等因素影响，电力行业耗煤增长空间不大。钢铁行业虽然造船、工程机械、家电等传统用钢行业需求不振，但受基建与汽车等高耗钢行业需求保持快速发展，国家提高钢结构建筑占比、公路钢结构桥梁占比等强制用钢标准等影响，预计 2017 年钢铁产品产量稳中略增，钢铁行业耗煤趋稳。建材行业受道路交通等基建领域投资快速增长、项目开工和审批速度加快等影响，产品产量有望保持增长，建材行业耗煤小幅增加。化工行业虽然传统煤化工面临转型升级，产品产量预计保持低速增长，但现代煤化工受国际油价预期回暖影响经济性有所增强，加上国内煤制油示范项目免征消费税、神华宁煤煤制油项目2016年12月建成投产、煤制烯烃项目2017年集中投产影响，耗煤增速预计有所加快，化工行业整体耗煤增长预计有所加快。四大耗煤行业以外的其他耗煤受国家继续加大节能减排力度、重点治理高能耗、高污染的耗煤行业及散烧煤、冶金、电解铝、造纸等行业淘汰落后产能影响，预计保持下降趋势。

（二）下游行业

1. 主要下游需求企稳，其他耗煤持续下降

2016年，中国煤炭四大下游行业中，电力、钢铁、建材行业耗煤由2015年的下降转为微增，化工行业耗煤仍为增长最快的行业，但增速自2014年以来逐渐放缓。2016年上述四大行业耗煤同比分别增长0.3%、0.2%、0.1%、5.7%。造纸、电解铝、有色金属冶炼等其他耗煤行业以及生活用煤等受环保限制，自2013年以来耗煤量持续萎缩，2016年下降11.0%，中国煤炭消费进一步向四大行业集中（见图2-5）。

图2-5 中国主要耗煤行业煤炭消费量及增速（2005—2016年）

来源：中国煤炭运销协会、神华科学技术研究院。

2. 燃煤发电增速由负转正，电力行业耗煤微增

受 2016 年下半年电力需求好于预期，水电少发等因素影响，燃煤发电量增速由负转正，同比增长 1.3%（见图 2–6），但燃煤发电占比进一步下降（见图 2–7）。分月来看，8 月以后，火电发电量持续正增长，且增幅不断扩大，水电发电量不断萎缩（见图 2–8）。

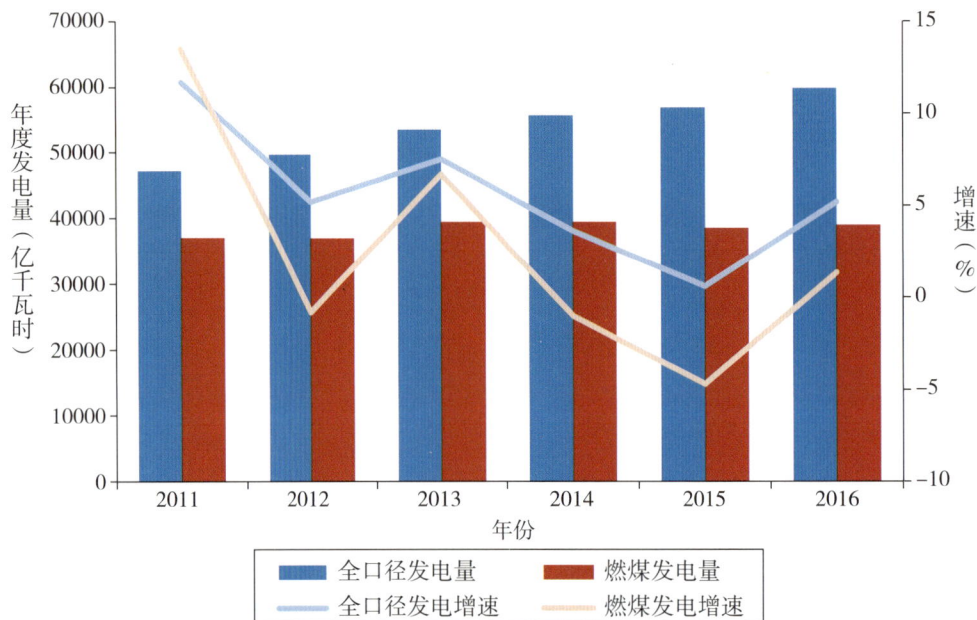

图 2–6　中国全口径发电量和燃煤发电量（2011—2016 年）

来源：中国电力企业联合会。

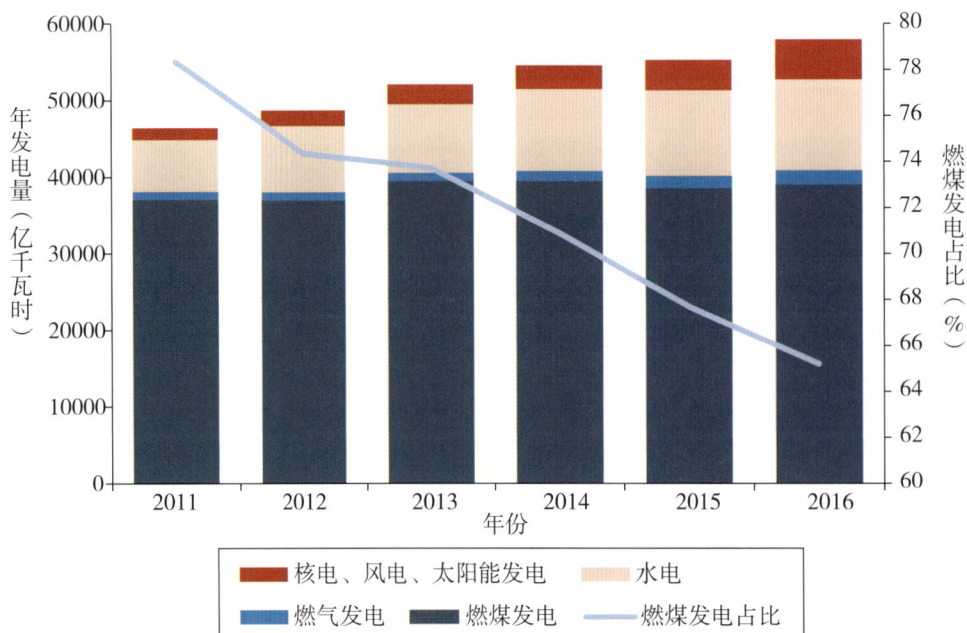

图 2–7　中国燃煤发电在发电结构中占比（2011—2016 年）

来源：中国电力企业联合会。

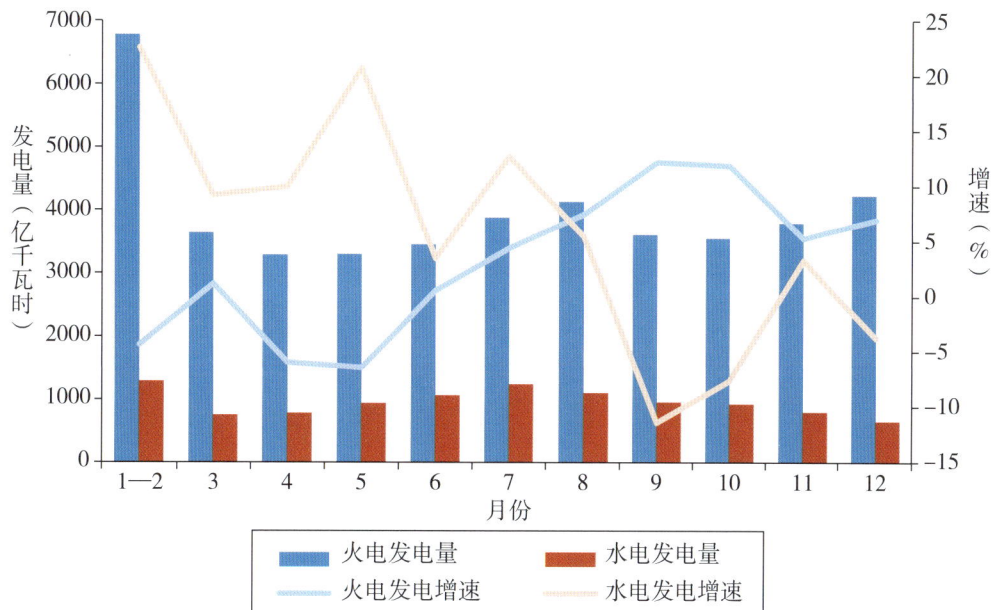

图2-8 2016年中国火电和水电月度发电量

来源：中国电力企业联合会。

2016年电力行业耗煤仅增长0.3%，增幅小于燃煤发电量增幅，主要由于发电行业能效进一步提高，2016年全国6000千瓦及以上发电机组供电标准煤耗312克/千瓦时，较2015年下降3克/千瓦时（见图2-9、图2-10）。

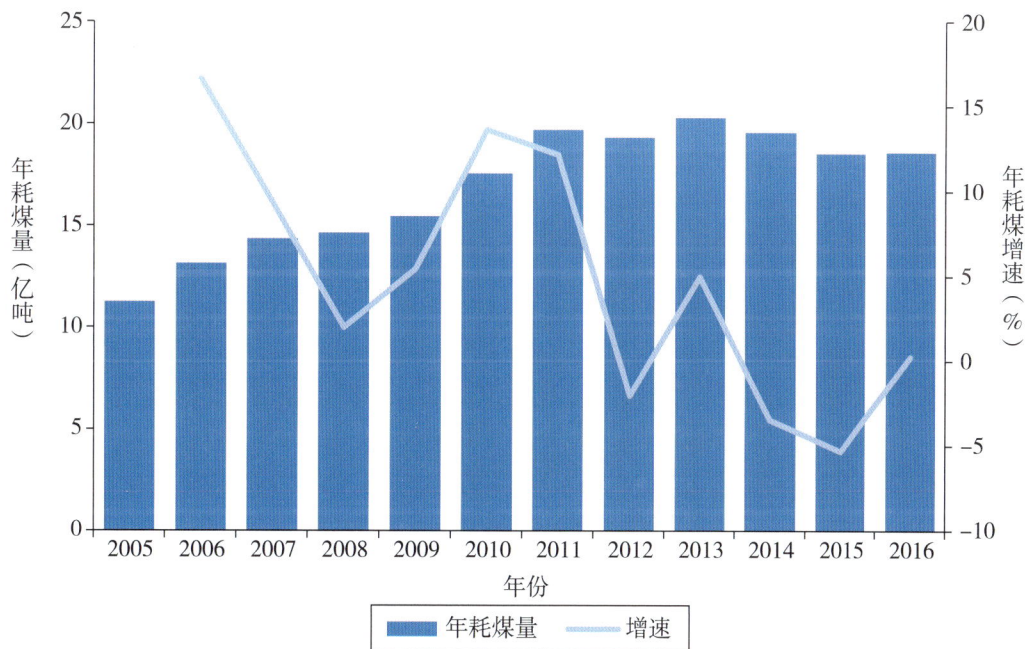

图2-9 中国电力行业耗煤及增速（2005—2016年）

来源：中国煤炭运销协会、神华科学技术研究院。

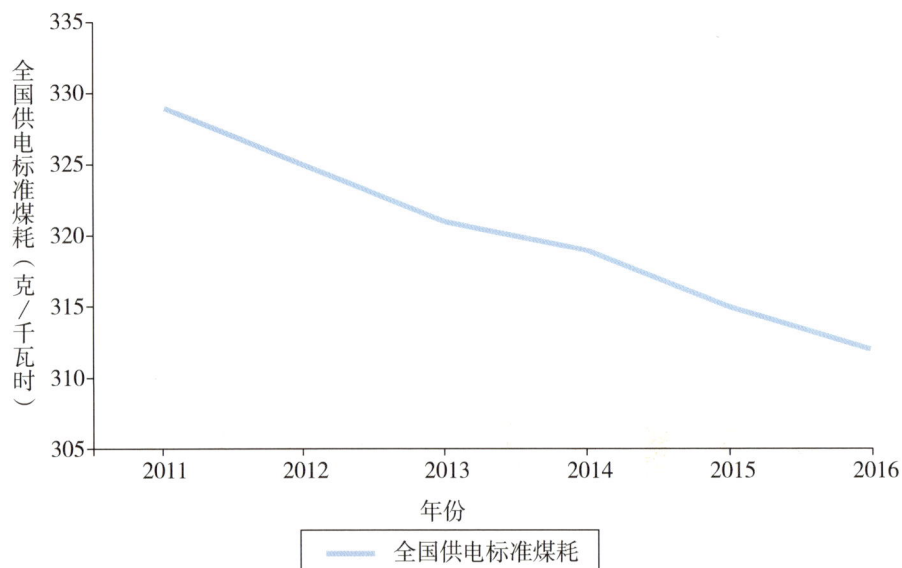

图2-10　中国供电标准煤耗（2011—2016年）

来源：中国电力企业联合会。

3. 钢铁产品产量由降转增，钢铁行业耗煤微增

2016年，房地产和基建投资有所回暖，开工项目增加，带动生铁、粗钢、钢材产量同比均出现小幅增长，增幅分别为0.7%、1.2%、2.3%（见图2-11）。但由于钢铁行业淘汰落后产能，煤耗水平有所下降，钢铁行业耗煤量增幅小于产量增幅，仅增长0.2%（见图2-12）。

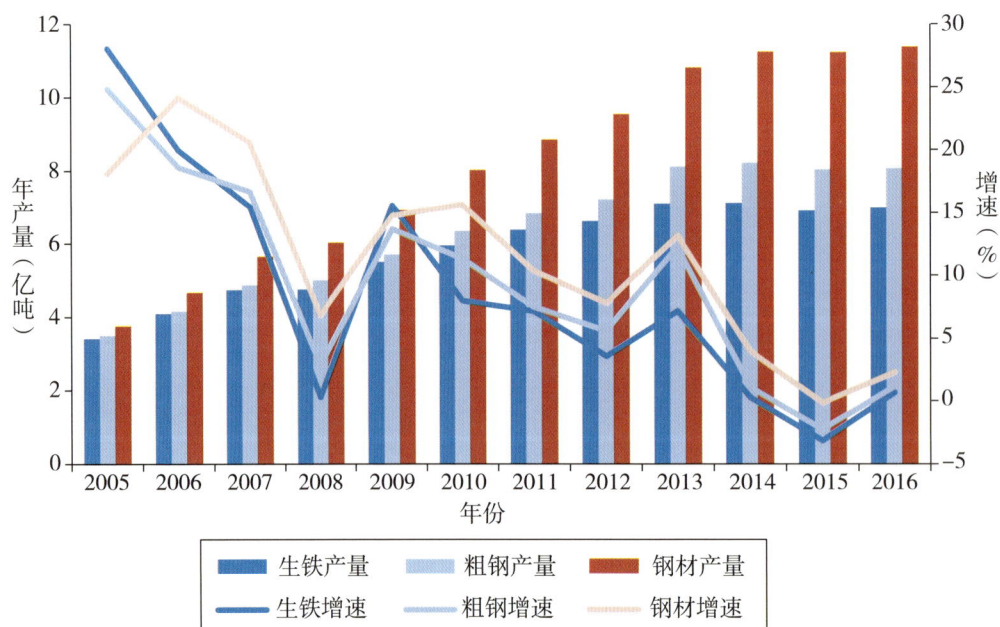

图2-11　中国钢铁产品产量及增速（2005—2016年）

来源：中国国家统计局。

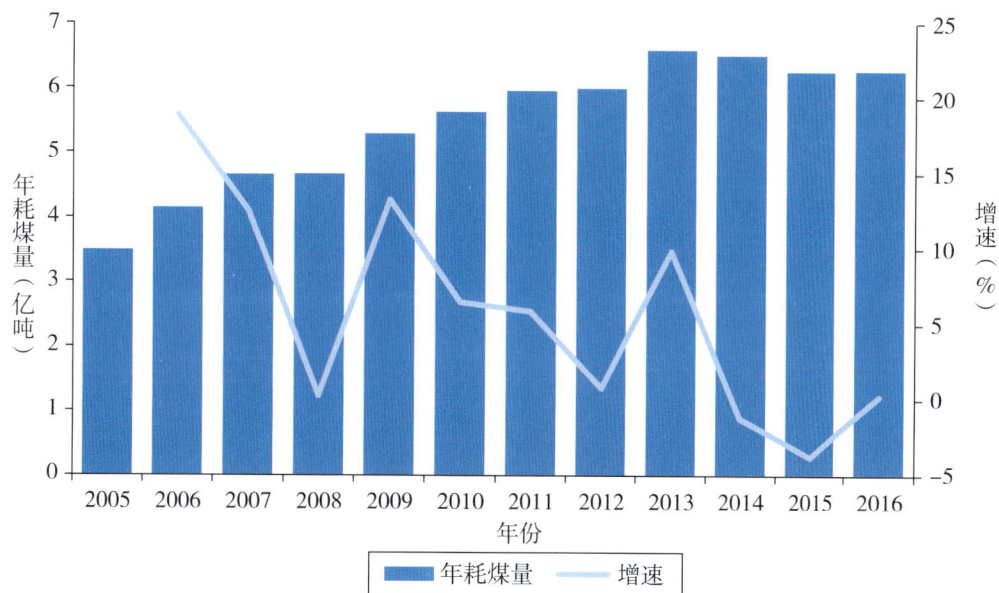

图 2-12　中国钢铁行业耗煤及增速（2005—2016 年）

来源：中国煤炭运销协会、神华科学技术研究院。

4. 建材产品产量由降转增，建材行业耗煤微增

2016 年，房地产和基建投资回暖带动建材产品产量增长，水泥和平板玻璃产量同比分别增长 2.5% 和 5.8%（见图 2-13），但受行业淘汰落后产能影响，能效水平有所提高，建材行业耗煤量仅增长 0.1%（见图 2-14）。

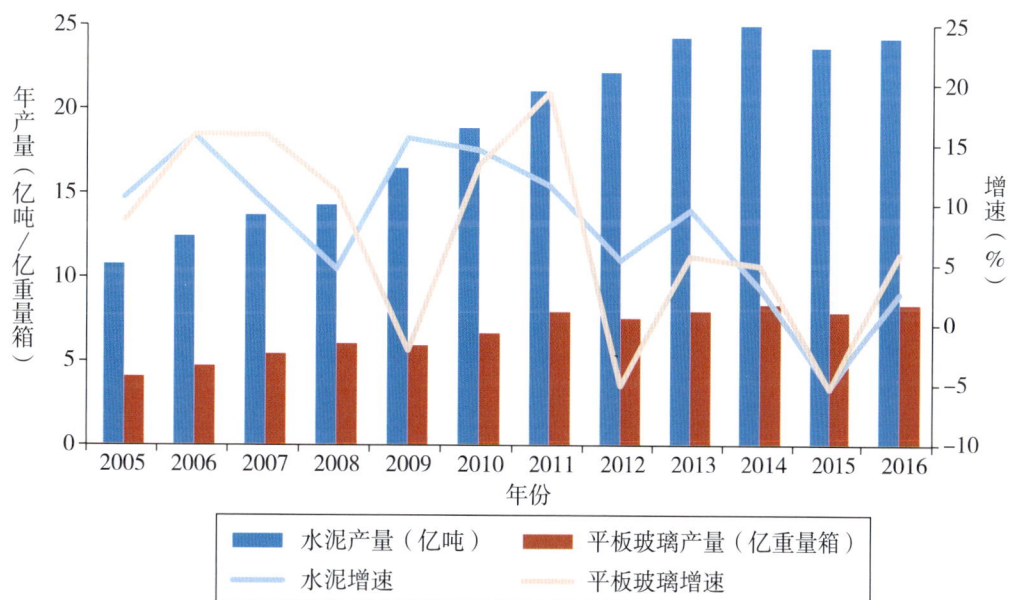

图 2-13　中国建材产品产量及增速（2005—2016 年）

来源：中国国家统计局。

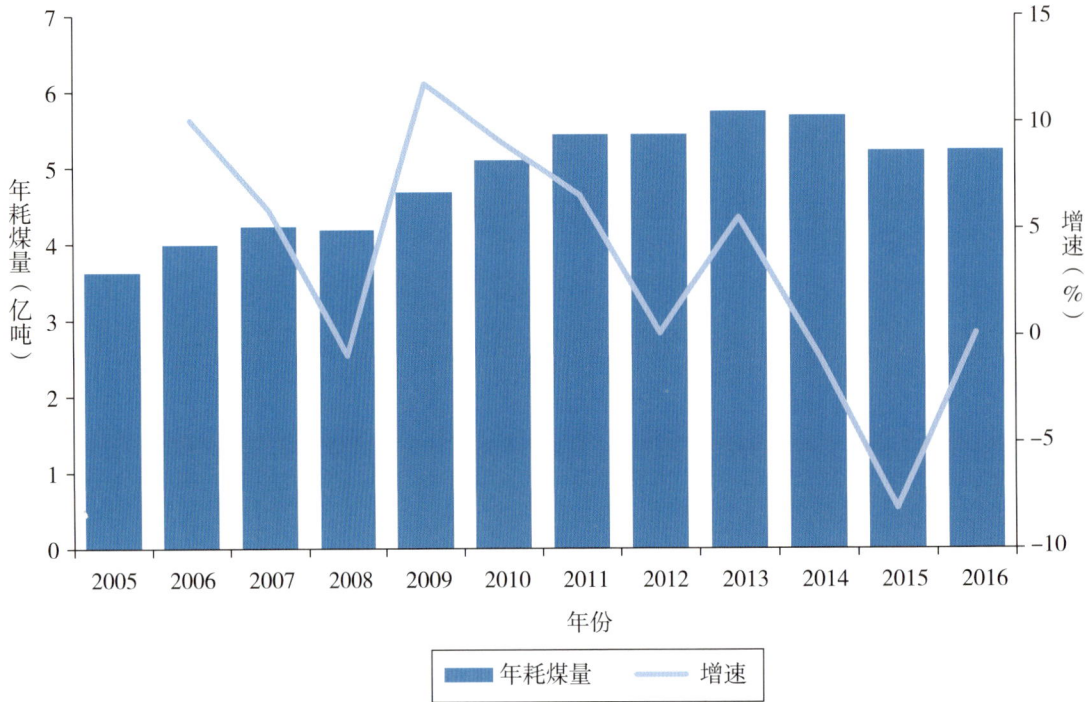

图 2-14 中国建材行业耗煤及增速（2005—2016 年）

来源：中国煤炭运销协会、神华科学技术研究院。

5. 化工行业耗煤增速放缓

传统煤化工受经济结构调整和产业升级影响，下游需求减弱，主要产品产量低速或负增长。2016 年，传统煤化工主要产品合成氨（化肥）产量出现萎缩，同比下降 7.4%（见图 2-15）。新型煤化工作为中国煤炭清洁、高效利用的重要方式受到国家和地方政策的大力扶持，仍是化工行业耗煤增长的主要动力，但 2016 年受国际原油价格低位运行、最严环保法实施等因素影响，部分装置延迟投产，产品产量增速放缓。2016 年中国煤制烯烃主要下游产品聚乙烯、聚丙烯产量同比分别增长 3.6% 和 9.7%，增速较2015 年分别放缓 4.2 个和 12.6 个百分点（见图 2-16）。

图 2－15　中国合成氨产量及增速（2005—2016 年）

来源：中国国家统计局。

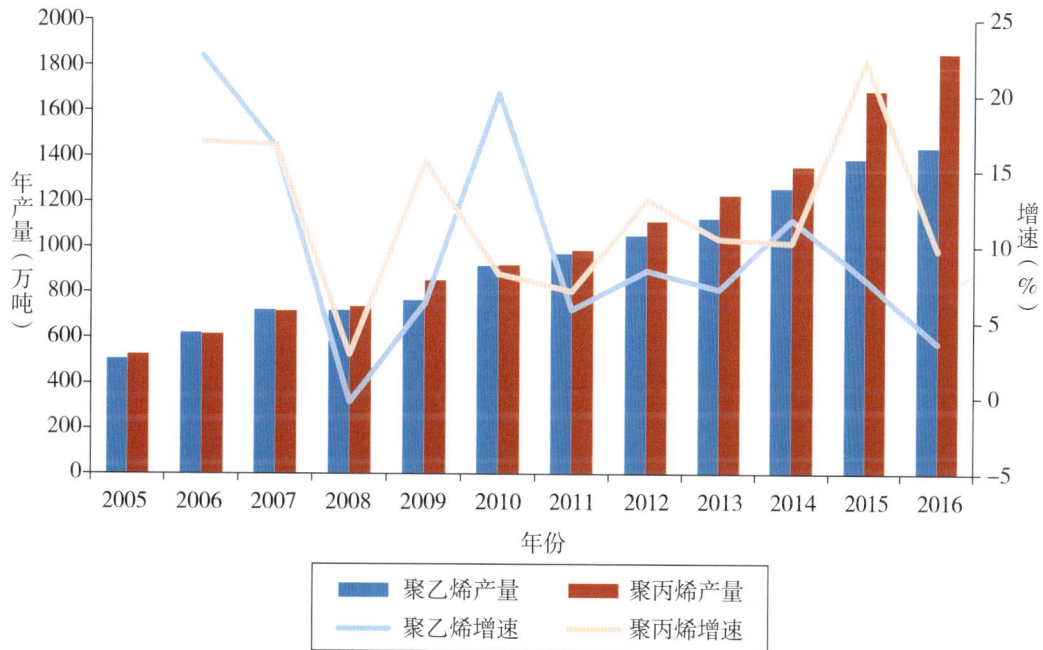

图 2－16　中国聚乙烯、聚丙烯产量及增速（2005—2016 年）

来源：中国石油和化学工业联合会。

受下游需求增长放缓、主要产品产量低速或负增长影响，化工行业耗煤增长5.7%，增速较2015年回落3.0个百分点（见图2-17），但仍是四大耗煤行业中煤炭消费增长最快的行业。

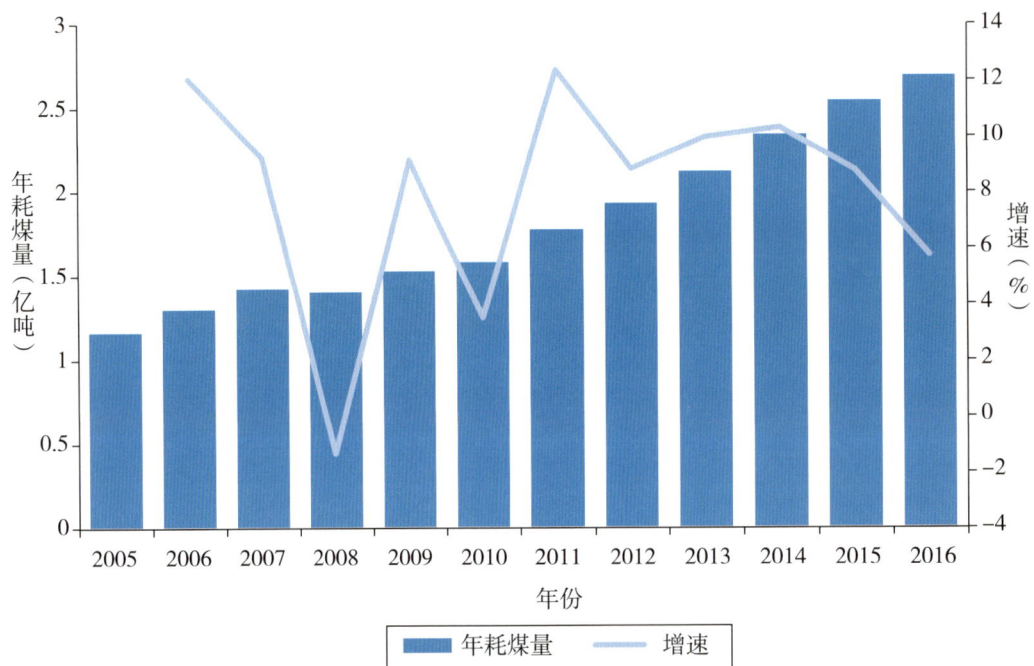

图2-17 中国化工行业耗煤及增速（2005—2016年）

来源：中国煤炭运销协会、神华科学技术研究院。

6. 其他耗煤继续下降

四大耗煤行业以外的其他耗煤自2013年以来持续萎缩，2016年同比下降11.0%（见图2-18）。四大耗煤行业以外的其他耗煤主要包括造纸、电解铝、有色金属冶炼等行业耗煤以及居民生活用煤。造纸、电解铝、有色金属冶炼属高耗能、高污染行业，受需求减弱及环保要求日益严格影响，其产品产量出现不同程度下滑，煤炭需求下降。而居民生活用煤受城镇化进程加快，集中供暖普及，以及电力、燃气等供暖方式挤压，其煤炭需求也不断下降。

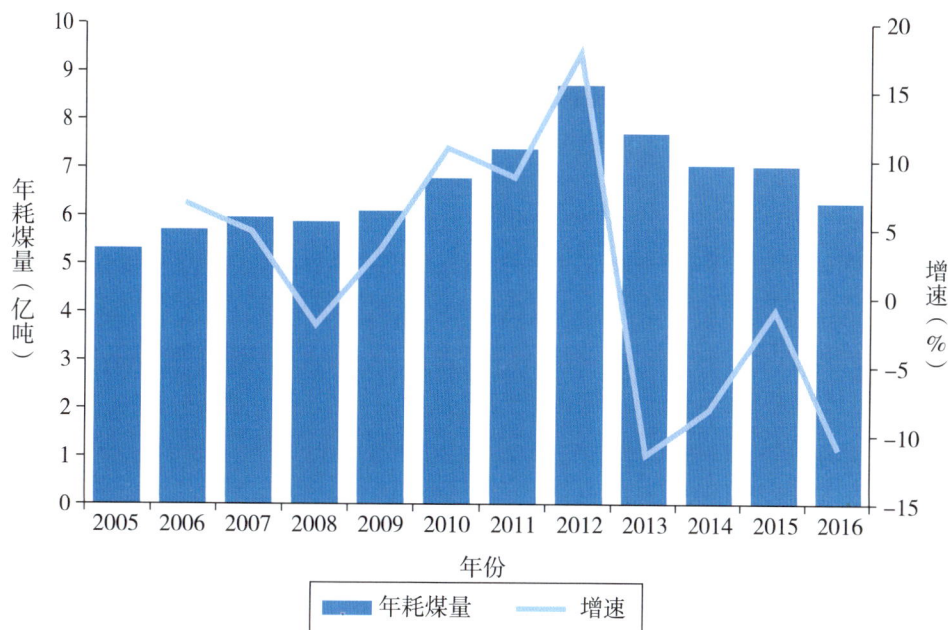

图 2-18　中国其他行业耗煤及增速（2005—2016 年）

来源：中国煤炭运销协会、神华科学技术研究院。

二、　供应

（一）　产能

1. 煤炭"去产能"超计划完成，生产建设总产能降至约 55.8 亿吨/年

2016 年，在严控违法违规、减量化生产以及产能减量置换等调控政策的共同作用下，煤炭"去产能"超计划完成。根据多部门总产能统计数据以及各省、自治区、直辖市公布的 2016 年去产能完成情况，结合煤炭行业实地调研，2016 年各产煤省（市、区）和中央企业化解煤炭过剩产能 3.58 亿吨/年，超过去产能计划 1 亿吨/年（见表 2-1）。考虑约 0.6 亿吨/年化解产能未计入 2015 年产能总量以及产能公告核增因素，估算 2016 年全国生产建设总产能下降 2.3 亿吨/年至 55.8 亿吨/年左右，同比下降 4.0%。

表 2-1　　　　　　　　　　2016 年煤炭"去产能"完成情况　　　　　　　单位：万吨/年

序号	省份	2016 年完成
1	北京	180
2	河北	1400
3	山西	2325
4	内蒙古	330
5	辽宁	1361
6	吉林	1643
7	黑龙江	1010
8	江苏	818
9	安徽	909
10	福建	297
11	江西	1400
12	山东	1960
13	河南	2388
14	湖北	1011
15	湖南	2046
16	广西	236
17	重庆	2084
18	四川	2303
19	贵州	2107
20	云南	1866
21	陕西	2934
22	甘肃	409
23	青海	9
24	宁夏	107
25	新疆	470
26	兵团	232
27	央企	3497
合计		35332

来源：神华科学技术研究院。

2. 具备生产能力的产能降至约 40 亿吨/年

根据 2016 年产能核增以及各省区化解具备生产能力产能情况，估算 2016 年年底全国煤矿具备生产能力产能较 2015 年同比减少 1.2 亿吨/年，降至 40 亿吨/年左右。

3. 2017 年具备生产能力产能预计增至 41.4 亿吨/年

结合 2017 年在建矿井进度和煤炭市场情况，估算在建煤矿（含新建和技改整合）释放产能 2.2 亿吨/年。根据各省公布的去产能计划，估算 2017 年具备生产能力产能化解 0.75 亿吨/年。预计 2017 年具备生产能力产能达到 41.4 亿吨/年，同比增加约 1.4 亿吨/年。

（二）产量

1. 煤炭产量降幅创下新高

中国煤炭产量自 2014 年开始连续三年下降，2016 年产量 34.1 亿吨，较 2015 年下降 9.0%，降幅较 2014 年、2015 年分别扩大 6.5 个、5.7 个百分点，降速创下新高（见图 2-19）。自 2016 年 3 月底开始，全国煤炭行业严格执行减量化生产政策，各地煤矿按全年作业时间不超过 276 个工作日重新确定煤矿产能。随着市场形势发生短期变化，减量化生产政策后期继续差异化执行。

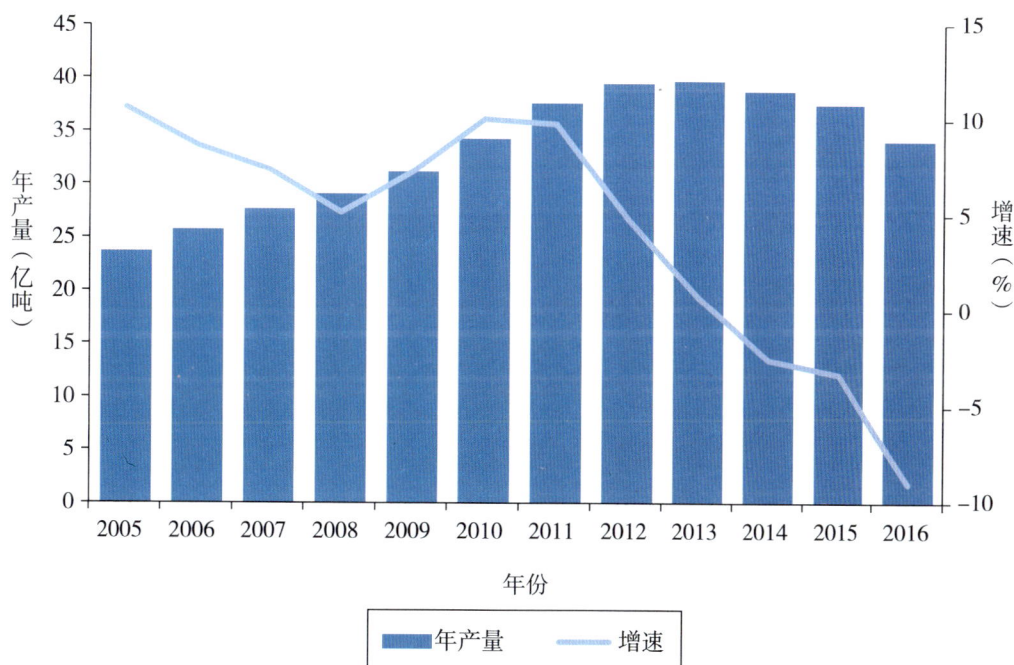

图 2-19　中国煤炭产量及增速情况（2005—2016 年）

来源：中国国家统计局、中国煤炭运销协会。

2. 受减量化生产影响，4—10 月产量同比持续大幅下降，11 月后同比降幅收窄

从月度产量来看，2016 年月度产量均低于 2015 年水平。随着 3 月开始严格执行 276 个工作日减量化生产政策，煤炭产量持续大幅下降，4—10 月月度同比降幅均在 10% 以上（见图 2 -20）。

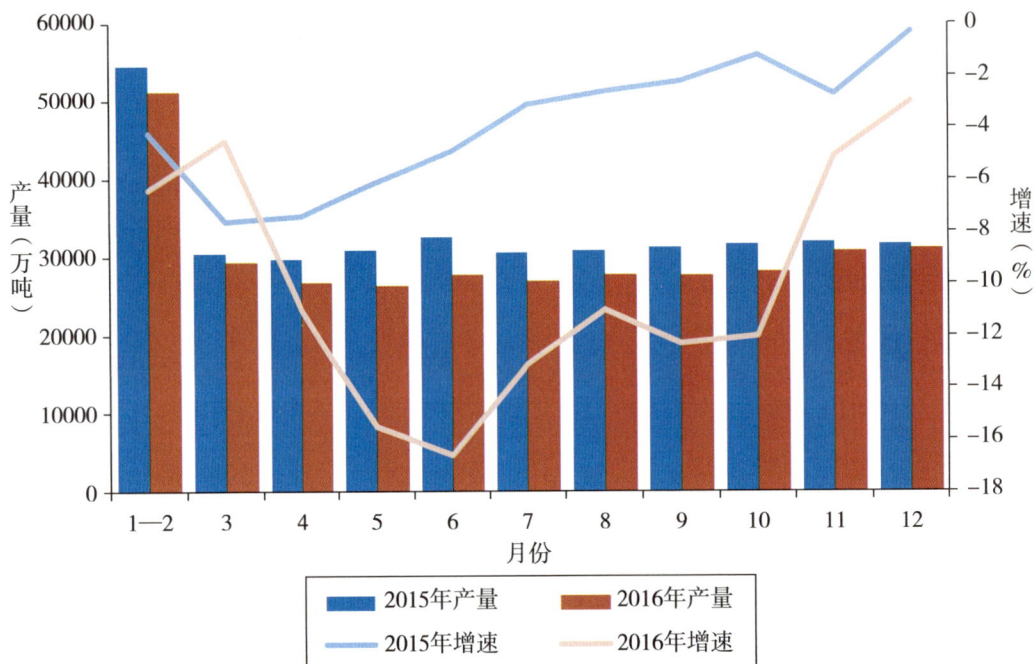

图 2 -20　中国煤炭月度产量及增速（2015 年 1 月—2016 年 12 月）

来源：中国国家统计局。

9 月开始，为了稳定煤炭供应、抑制煤炭价格过快上涨，有关部门采取针对性措施，有序释放煤炭先进产能（见表 2 -2）。9 月，二级、一级应急响应机制相继启动，日增产达到 50 万吨；10 月，突破应急预案的响应机制，产能释放范围扩大至三类煤矿，日增产超过 100 万吨；11 月初，允许符合安全生产条件的煤矿采暖季前可按 330 个工作日组织生产。由于政策效应显现存在一定的滞后期，增产效果在 10 月后才逐步显现。后期，原煤产量降幅逐步收窄，12 月煤炭产量同比降幅缩窄至 0.1%。

表2-2　　　　　　　　减量生产差异化执行的主要措施及增产目标

日期	措施	范围	产量增长
9月8日	二级响应机制	晋、陕、蒙、鲁、豫、皖、苏等66个煤矿	拟日增产30万吨
9月23日	一级响应机制	全国范围74个矿井	拟日增产50万吨
10月1日起	突破一二三级响应机制	74处先进产能煤矿、789处一级安全质量标准化矿井、640处安全高效煤矿	日增产拟突破100万吨
11月初	330个工作日	符合安全生产条件的煤矿	全面恢复至限产前水平

来源：神华科学技术研究院。

3. 2017年煤炭产量将稳定增长

综合考虑国家宏观调控、新增矿井进度及煤炭产需关系，估算2017年具备生产条件的产能约41.4亿吨/年，预测2017年产量将稳步增加至37.5亿~38.5亿吨，增幅约4.2%~6.9%。从**国家宏观调控**来看，为保持供求基本平衡、略显宽松的市场环境，发改委明确表示，2017年供暖季结束后，煤矿减量化生产措施不再大范围执行。从**新增矿井及煤炭产需关系**来看，在建产能将陆续投产，供应充足，产量有望逐渐稳定增长满足消费需要。

三、 进出口

（一） 进口

1. 煤炭进口量显著增加

目前，中国煤炭贸易以进口为主。2016年，中国共进口煤炭2.56亿吨，在连续两年下降后转为增长，增幅25.2%，增长集中在8—12月（月均增速达到52.7%）（见图2-21、图2-22），主要原因是国内煤炭限产和煤价回升。

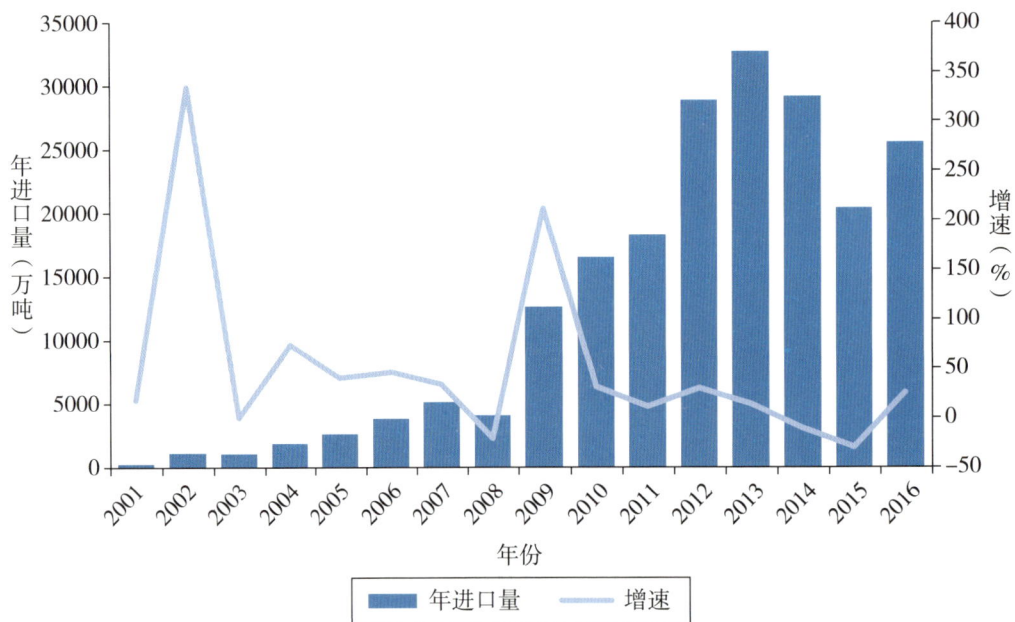

图 2-21 中国煤炭年度进口量（2001—2016 年）

来源：中国海关。

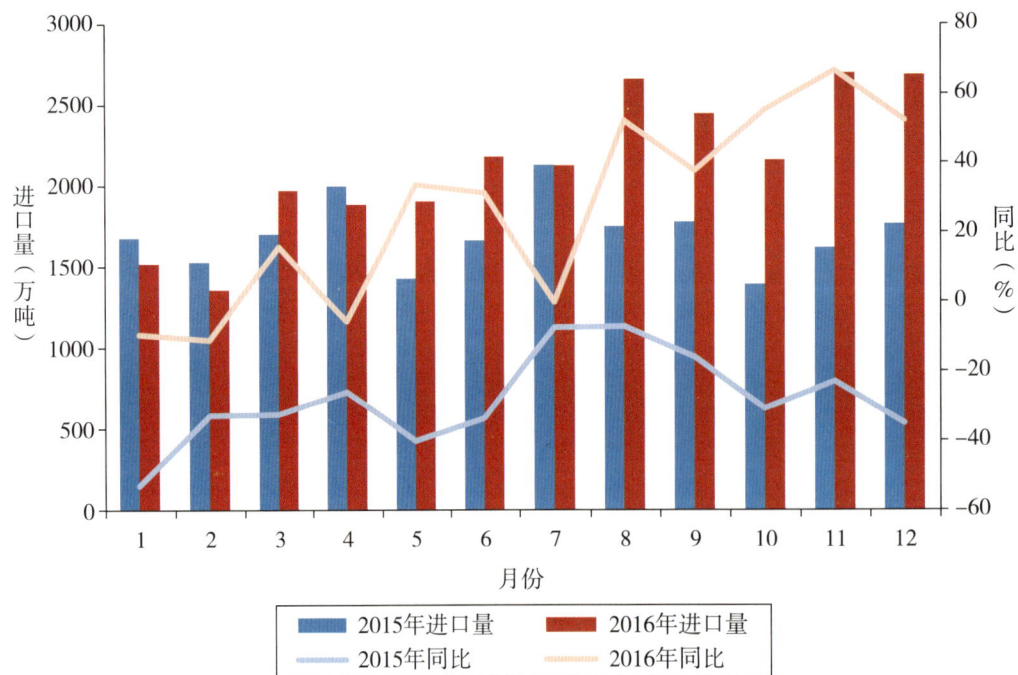

图 2-22 中国煤炭月度进口量（2015—2016 年）

来源：中国海关。

2. 自印度尼西亚进口增加，自澳大利亚进口下降，蒙古跃升为中国第三大进口来源国

2016 年，印度尼西亚和澳大利亚仍是中国煤炭进口最大来源国，二者合计占到中国

煤炭进口总量的68.2%，其中，自印度尼西亚进口1.04亿吨，同比大增40.8%；自澳大利亚进口7050万吨，同比微降0.5%。另外，2016年中国自蒙古进口煤炭同比大幅增长83.5%，蒙古超过朝鲜跃升为中国第三大煤炭进口来源国（见图2-23、图2-24）。

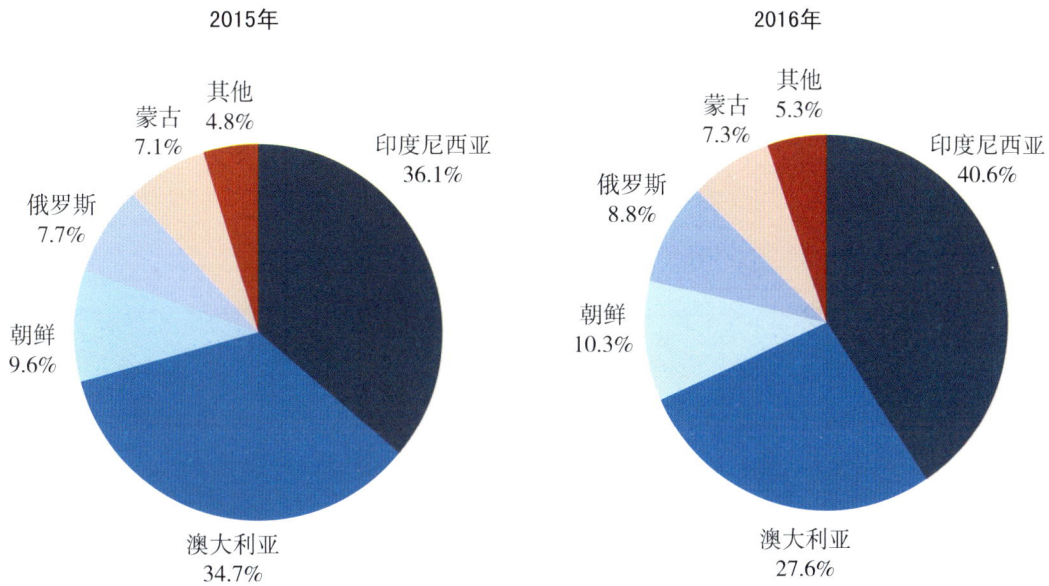

图 2-23　中国煤炭进口来源国分布（2015年、2016年）

来源：中国海关。

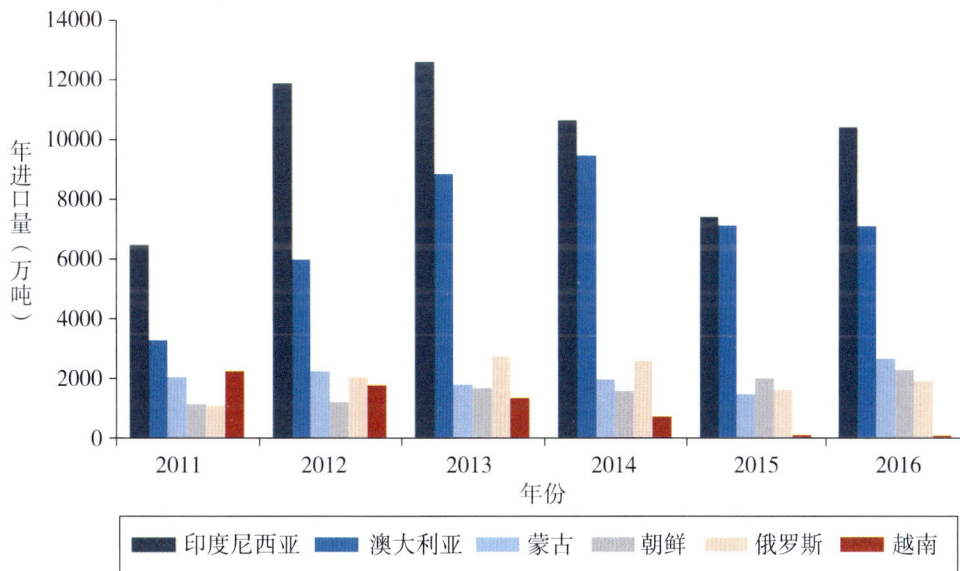

图 2-24　中国煤炭进口主要来源国进口量（2011—2016年）

来源：中国海关。

中国自澳大利亚进口煤炭减少，自印度尼西亚和蒙古等国进口大幅增加主要受以下因素影响：一是澳大利亚受煤矿关停、洪水及罢工等因素影响，煤炭生产和出口受限，煤炭价格总体涨幅大于其他主要出口国；二是在中国煤炭价格大幅上涨的背景下，电厂增加参配煤以降低成本，而印度尼西亚煤炭热值低且低硫低灰，适合与国内优质动力煤掺烧；三是由于澳大利亚炼焦煤供应受阻、价格飙升，蒙古趁机加大对中国炼焦煤出口力度，加上中国铁路运费下调带动蒙古煤运往国内消费地的成本下降，蒙古煤竞争力进一步增强，挤占了部分澳大利亚炼焦煤份额（见表2-3）。

表2-3　　　　　　　　　2016年中国煤炭进口来源国和煤种分布　　　　　　　　单位：万吨

来源国	总量	无烟煤	炼焦煤	其他烟煤	其他煤	褐煤
印度尼西亚	10378.6 40.8%	—	57.4 148.5%	1663.8 29.9%	2184.6 43.4%	6472.8 42.5%
澳大利亚	5275.0 -3.7%	64.2 -51.9%	2123.2 9.2%	3082.3 -8.8%	5.4 -71.1%	0.0 -83.5%
蒙古	2639.7 83.5%	10.0 4678.7%	2356.2 85.2%	22.3 -17.6%	243.2 80.4%	8.1 80.7%
朝鲜	2247.9 14.5%	2242.2 14.6%	—	0.2 2222.1%	—	—
俄罗斯	1877.3 18.8%	256.5 -7.4%	260.1 -19.4%	1233.0 31.7%	107.7 155.5%	20.0 1084.2%

来源：中国海关。

3. 褐煤和其他煤进口量增幅大

2016年，由于国内煤价大涨和沿海火电厂利用小时数下降，用热值较低的褐煤和其他煤经济性更高，导致两者进口量分别大增49.6%和47.4%，均主要来自印度尼西亚，褐煤和其他煤占比明显提高，而热值较高的其他烟煤占比缩小（见图2-25、图2-26）。炼焦煤进口增长23.8%，占比相对稳定，但更多转向采购价格较低的蒙古煤，进口蒙古炼焦煤大增85.2%（见图2-27）。

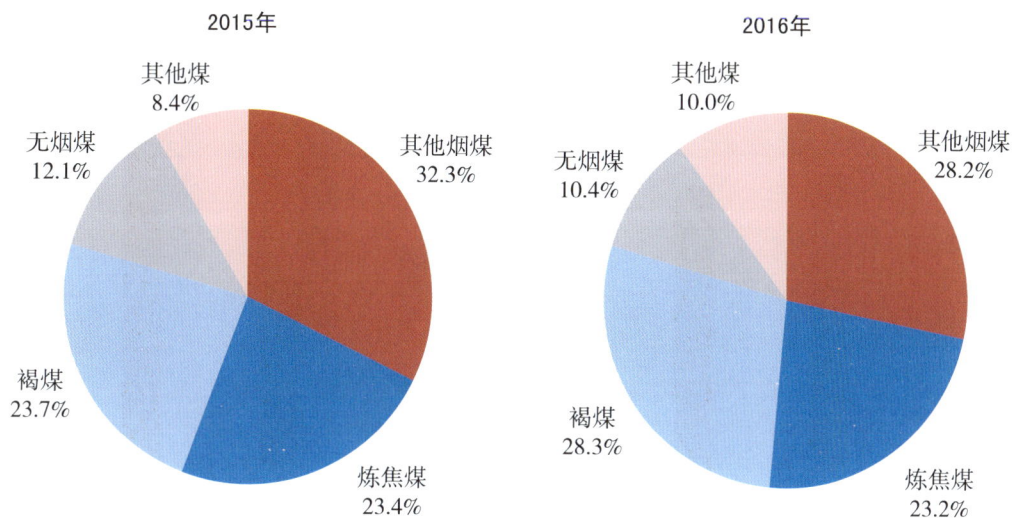

图 2-25　中国煤炭进口各煤种分布（2015 年、2016 年）

来源：中国海关。

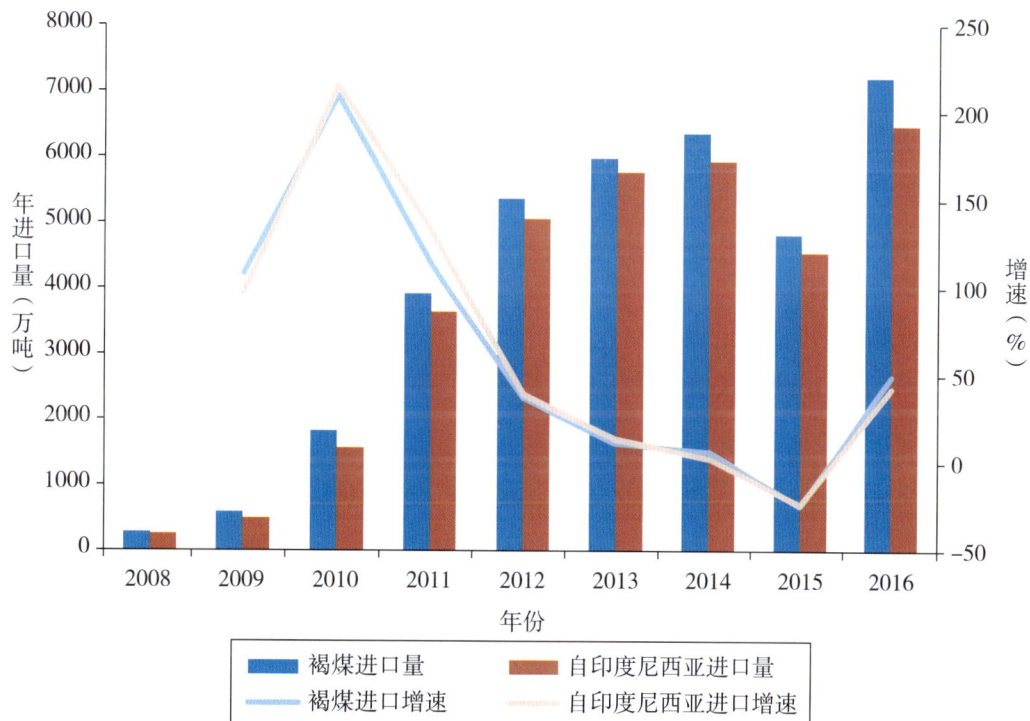

图 2-26　中国褐煤进口（2008—2016 年）

来源：中国海关。

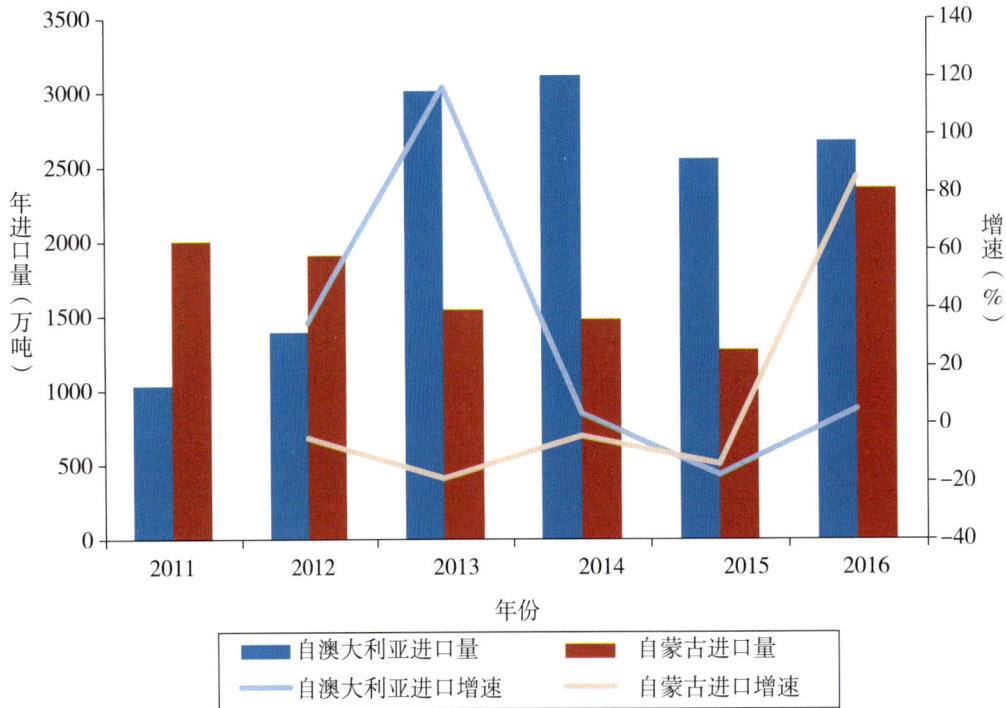

图2-27 中国自澳大利亚和蒙古炼焦煤进口（2011—2016年）

来源：中国海关。

4. 2017年进口预计回落，但仍保持较大规模

综合考虑2017年煤炭消费小幅波动、限产政策预计不会大范围实行、煤价逐步回落的可能性较大，预计2017年煤炭进口量回落至2.5亿吨以下，但考虑进口煤具有的成本和质量优势，进口量仍将保持较大规模。从进口来源国来看，印度尼西亚和澳大利亚仍将是中国最主要的煤炭进口来源国，但随着国内煤价回落和长期存在的环保约束，印度尼西亚低热值煤进口可能会受到其他国家高热值煤炭冲击；澳大利亚高热值动力煤可能面临来自俄罗斯等国的竞争，炼焦煤面临来自蒙古的竞争，进口可能会受到挤压；俄罗斯和蒙古受国内基础设施条件改善影响，出口成本有望下降，竞争力增强，自两国进口占比有望进一步扩大。另外，中国已宣布自2017年2月19日起至年末暂停进口朝鲜原产煤炭，1—2月共自朝鲜进口煤炭267.8万吨，同比下降51.6%，2017年中国自朝鲜进口煤炭占比将显著下降，部分无烟煤进口或转向其他国家。

（二）出口

1. 煤炭出口量增加，但总规模仍然较小

2016年，中国共出口煤炭878.3万吨，同比增加64.5%（见图2-28），出口量

反弹主要由于在国内产能总体过剩的背景下，政府积极促进煤炭出口，以及人民币贬值等因素影响，但出口总体规模仍然较小。

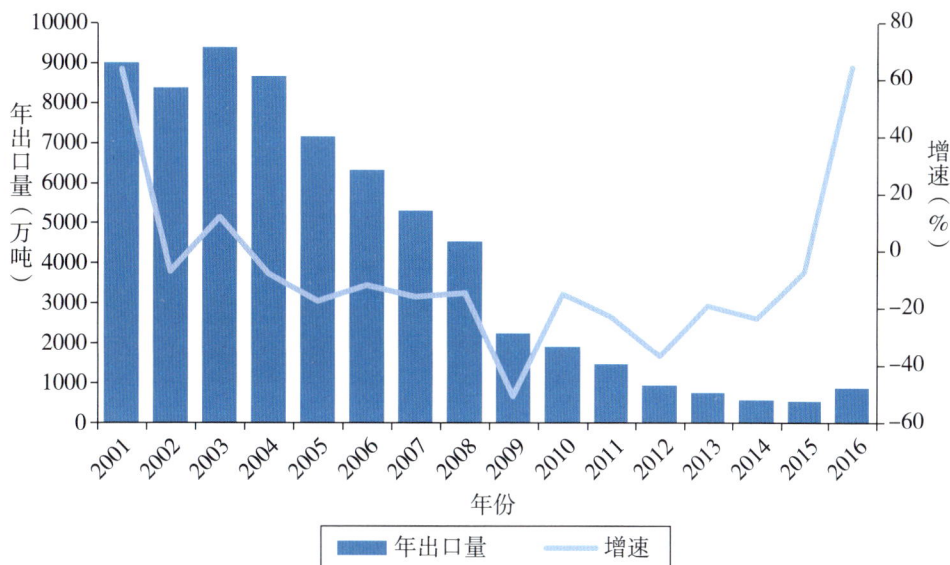

图 2 −28 中国煤炭年度出口量及增速（2001—2016 年）

来源：中国海关。

2. 对韩国、日本等主要出口市场出口均大幅增加，其他烟煤为增幅最大煤种

2016 年，中国对韩国、日本两国出口量合计占到同期中国煤炭出口总量的 72.3%，占比较 2015 年提高 3.7 个百分点（见图 2 −29）。其中，对韩国出口 360.1

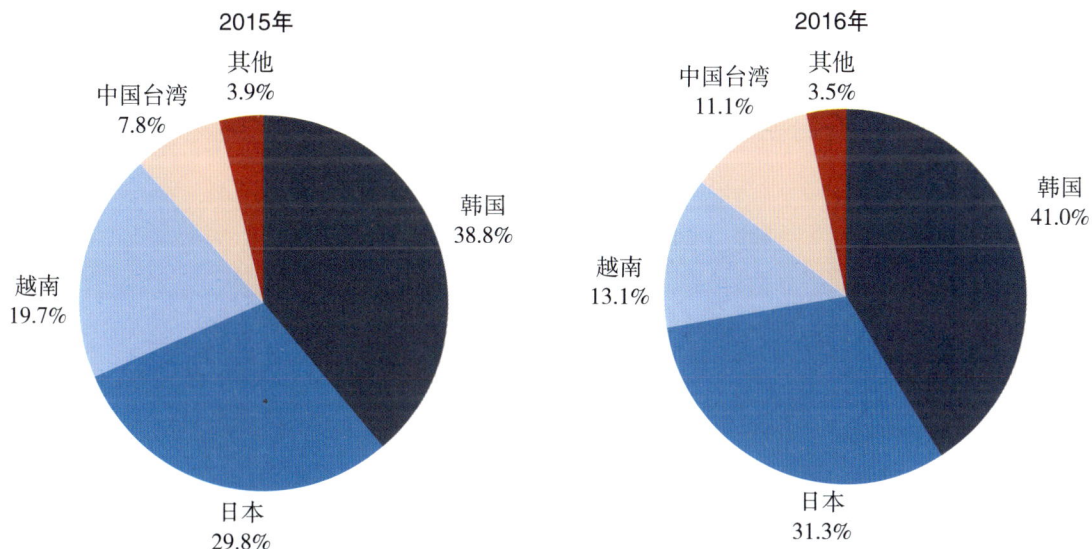

图 2 −29 中国煤炭出口市场分布（2015 年、2016 年）

来源：中国海关。

万吨，同比增加73.9%；对日本出口274.6万吨，增加73.0%。另外，中国对越南出口115.1万吨，同比增长9.5%，占比有所下降（见图2-30）。

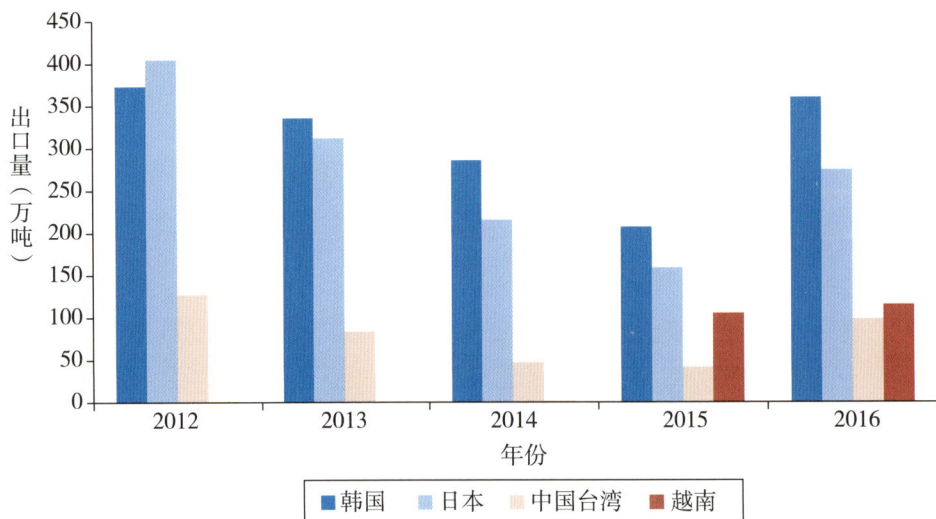

图2-30 中国煤炭主要出口市场和出口量（2012—2016年）

来源：中国海关。

中国主要的出口煤种仍为无烟煤和其他烟煤（动力烟煤），无烟煤出口集中在韩国和越南；其他烟煤出口集中在日本和韩国。2016年，神华、中煤等主要出口企业积极开拓出口市场，增加的出口煤种主要为高热值烟煤，促使2016年其他烟煤出口总量同比大增，其中对韩国和日本其他烟煤出口同比分别增长458.5%和239.0%（见表2-4）。

表2-4　　　　　　　　　2016年中国煤炭主要出口市场出口品种分布　　　　　　　单位：万吨

主要市场	总量	无烟煤	炼焦煤	其他烟煤	其他煤
韩国	360.1 73.9%	142.1 45.8%	74.1 -6.5%	138.1 458.5%	—
日本	274.6 73.0%	89.8 -8.2%	23.0 226.1%	153.9 239.0%	—
越南	115.1 9.5%	100.7 3.9%	4.4 —	2.9 -23.7%	7.1 60.5%

来源：中国海关。

3. 2017年出口规模难以显著扩大

2017年，虽然国家政策鼓励煤炭出口，但受煤炭竞争力不强、国际出口市场被澳大利亚、印度尼西亚等优质低成本煤占据等因素影响，预计2017年出口量难以显著扩大，出口煤种预计仍然主要为国内优质低成本烟煤与无烟煤，且出口仍然集中在临近市场，但除日本和韩国外，随着"一带一路"战略的推进，中国对沿线其他国家煤炭出口有望增加。

四、 库存

（一） 全社会库存

2016 年，由于国内产量降速大于消费量降速，煤炭供应出现明显缺口，全社会库存（包括在途）明显回落，全年库存回落约 1.5 亿吨。8 月，在电力等下游需求季节性增加的拉动下，全社会库存降至 2.8 亿吨，为 2012 年下半年以来的低位。后期增产效应带动，加上电厂冬季补库存，10 月、11 月全社会库存波动回升至 3 亿吨以上。

（二） 煤炭企业库存

2016 年，煤炭企业库存持续下降，降幅比较明显。12 月末，煤炭企业库存约 9592 万吨，同比减少 499 万吨，降幅 4.9%；较 1 月最高库存 12874 万吨下降 3282 万吨，降幅25.5%（见图 2 -31）。2015 年年末煤炭价格跌破大部分煤炭企业成本线，加上 2016 年年初减量化生产政策导向，煤炭企业生产积极性严重减弱，煤炭企业库存持续下降；尤其夏季用煤高峰期下游需求显著改善后，煤炭企业库存加速下行。

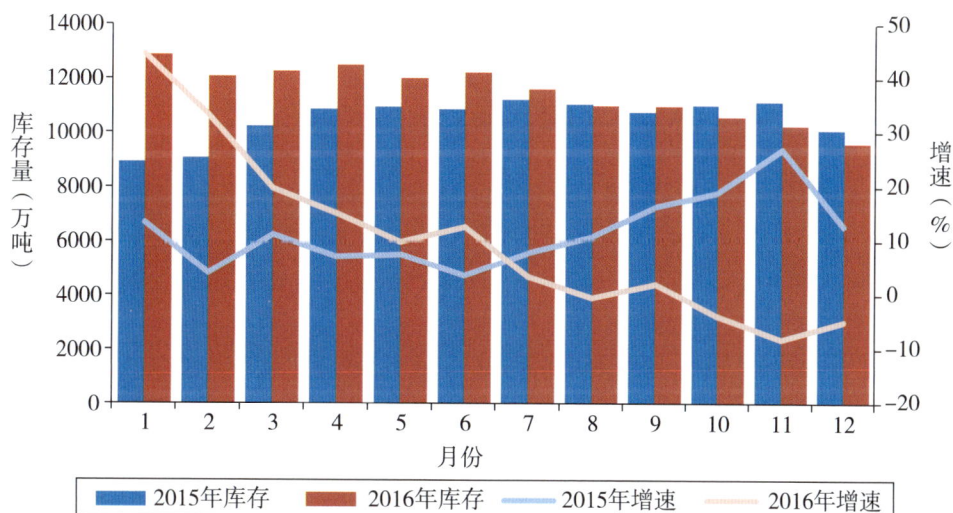

图 2 -31 中国煤炭企业库存（2015 年 1 月—2016 年 12 月）

来源：中国煤炭运销协会。

（三） 电厂库存

2016 年 1—8 月，重点电厂库存下降明显。8 月，重点电厂库存下滑至 5123 万吨，同比下降 22.7%；8 月重点电厂库存下降明显，一方面是单月火力发电量自 2015 年 1 月以来首次超过 4000 亿千瓦时，需求增长迅速且超出预期；另一方面煤炭供应偏紧，同时，受 2015 年火电发电量负增长影响，2016 年下游电厂存煤意愿下降，重点电厂存煤水平持续不高。9 月后，煤炭价格加速上涨以及冬储临近，下游积极补充库存，重点电厂存煤出现回升。到 12 月末，重点电厂库存约 6546 万吨，同比降幅收窄至 11.0%；较 8 月增长 1423 万吨，增幅 27.8%（见图 2 –32）。

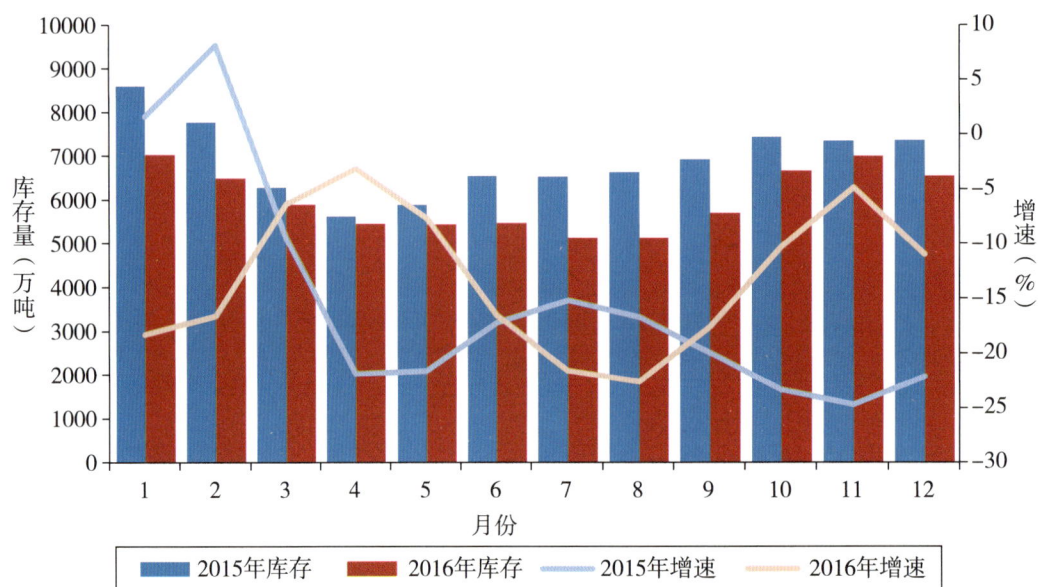

图 2 –32　中国重点电厂煤炭库存（2015 年 1 月—2016 年 12 月）

来源：中国煤炭运销协会。

（四） 港口库存

2016 年 1— 8 月，受产量下降及铁路发运量减少影响，港口库存下降明显。北方七港 8 月末库存约 1474 万吨，同比下降 34.3%。9 月以后，由于煤炭企业增产效果逐渐显现、下游积极补库存，加之铁路运力得到保障，北方七港煤炭库存较前期回升，11 月开始同比增幅由负转正。12 月末，北方七港煤炭库存约 2212 万吨，同比增加 735 万吨，增幅 49.7%；较 8 月最低库存 1474 万吨增加 738 万吨，增幅 50.1%（见图 2 –33）。

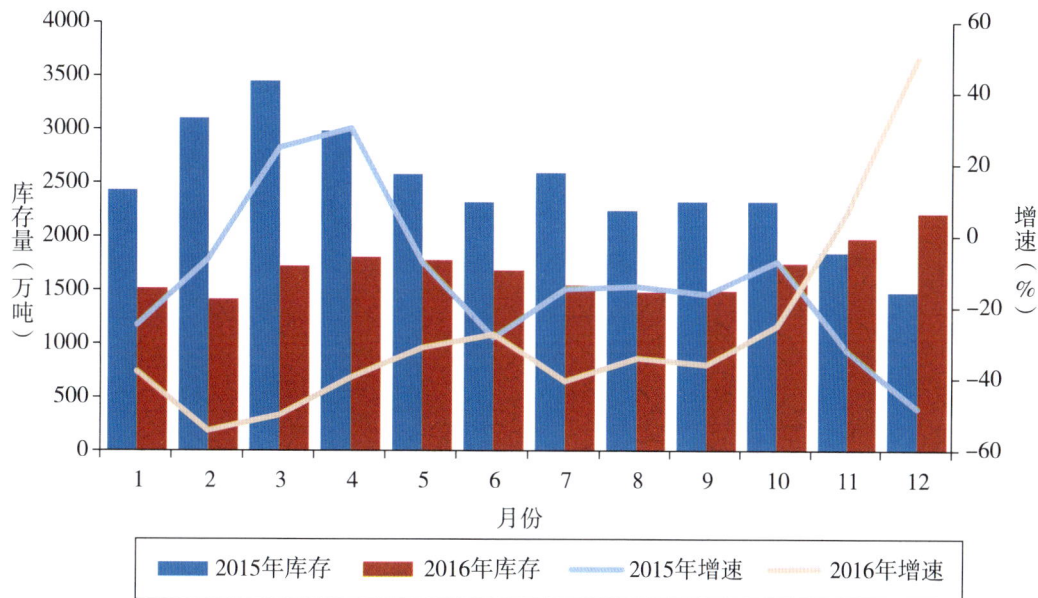

图 2 –33 北方七港煤炭库存（2015 年 1 月—2016 年 12 月）

注：北方七港包括唐山港、黄骅港、天津港、青岛港、日照港、连云港、秦皇岛港。
来源：中国煤炭运销协会。

五、价格

（一）动力煤

1. 中国动力煤价格 2016 年大幅上涨，年底高位回落

2016 年，中国动力煤价格出现大幅上涨，10—11 月迅速走高，11 月中旬高位回落（见图 2 –34）。2016 年年初，在国内煤炭产能过剩、煤炭价格前期超跌情况下，供给端受春节期间部分煤矿停产、年后大部分中小煤矿未复产影响收缩，加上各大煤炭企业共同保价，动力煤价格企稳回升。7 月开始，煤炭消费进入夏季高峰期，而产量在严格执行 276 个工作日制度的情况下得到有效控制，月度同比降幅均在 10% 以上，加上偶发性极端天气导致发运和销售数量减少等多方面因素相互叠加，动力煤价格上涨明显，并在 10—11 月迅速走高，11 月中旬受中国国内先进产能释放缓解供应紧张、煤炭长协签订等多方面稳定市场措施影响，煤炭价格高位回落。

从**典型中转港价格**来看，环渤海动力煤价格指数，2016 年 11 月 2 日升至高位 607

元/吨，较年初上涨63.6%；年底593元/吨，较高位回落2.3%。秦皇岛5500kcal/kg动力煤平仓价，2016年11月7日升至高位700元/吨，较年初上涨89.2%；年底639元/吨，较高位回落8.7%。宁波港5500kcal/kg动力煤场地价，2016年11月7日升至高位760美元/吨，较年初上涨85.4%；年底675元/吨，较高位回落11.2%（见图2-34、表2-5）。

从**典型煤炭产地价格**来看，价格上涨幅度大于中转港价格，准格尔5500kcal/kg动力煤坑口价，2016年11月23日升至高位380元/吨，较年初上涨192.3%；年底375元/吨，较高位回落1.3%。大同矿区5800kcal/kg动力煤车板价，2016年11月7日升至高位520元/吨，较年初上涨126.1%；年底485元/吨，较高位回落6.7%（见图2-34、表2-5）。

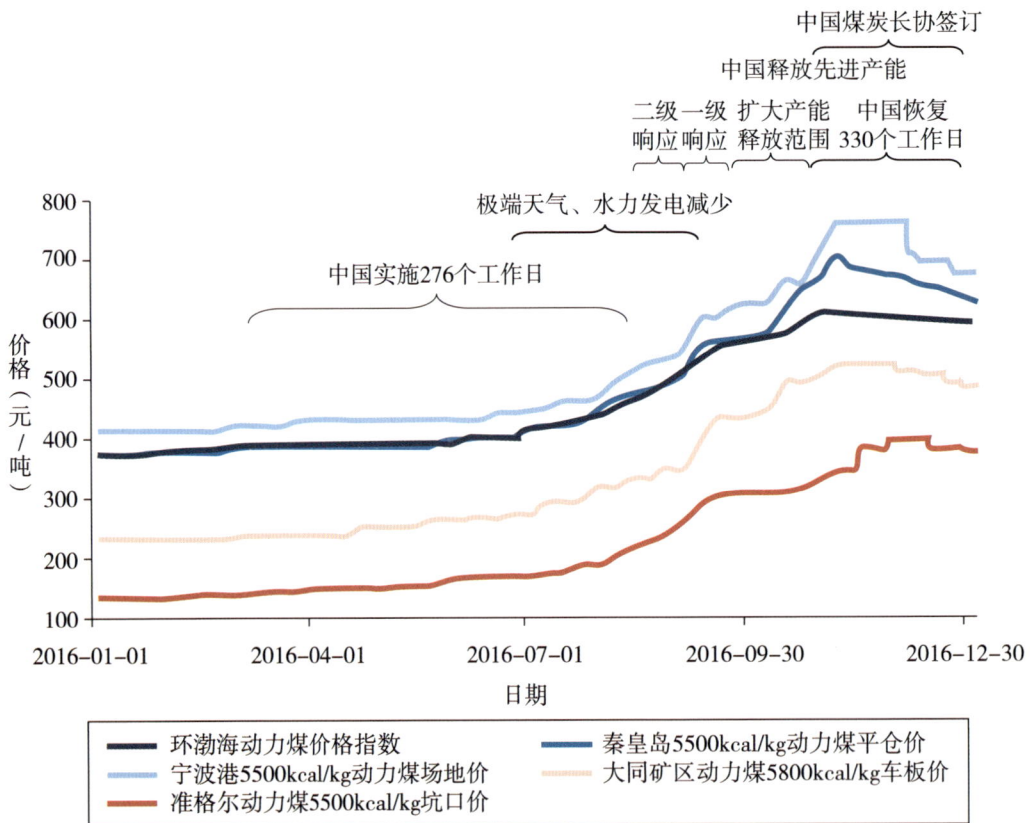

图2-34　中国典型港口及典型煤炭产地动力煤价格走势及主要影响事件（2016年1—12月）

来源：中国煤炭运销协会、神华科学技术研究院。

表 2 -5　　　　　　　　　中国动力煤价格年度变化情况（2016 年）　　　　单位：元/吨

类别	动力煤价格	2016 年均价	同比	年初	最高	年末	最高价格较年初涨幅	年末较最高价格跌幅
典型港口动力煤价格	环渤海动力煤价格指数	459.6	7.6%	371.0	607.0	593.0	63.6%	-2.3%
	秦皇岛 5500kcal/kg 动力煤平仓价	473.0	12.7%	370.0	700.0	639.0	89.2%	-8.7%
	宁波港 5500kcal/kg 动力煤场地价	599.3	—	410.0	760.0	675.0	85.4%	-11.2%
典型煤炭产地动力煤价格	准格尔 5500kcal/kg 动力煤坑口价	278.4	—	130.0	380.0	375.0	192.3%	-1.3%
	大同矿区 5800kcal/kg 动力煤车板价	399.8	34.9%	230.0	520.0	485.0	126.1%	-6.7%

来源：中国煤炭运销协会、神华科学技术研究院。

2. 不同热值动力煤单位热值价格差别不大

不同于全球动力煤市场对高热值动力煤的热情，中国不同热值动力煤的单位热值价格差别不大。以秦皇岛和宁波港为例，2016 年，秦皇岛 5500kcal/kg、5000kcal/kg、4500kcal/kg 动力煤单位热值价格基本相同（见图 2 -35）；宁波港 5500kcal/kg、5000kcal/kg、4500kcal/kg 动力煤单位热值价格基本相同，6000kcal/kg 动力煤单位热值价格在价格高位时低于其他低热值动力煤（见图 2 -36）。在中国煤炭价格大幅上涨的背景下，电厂增加低热值配煤以降低成本。

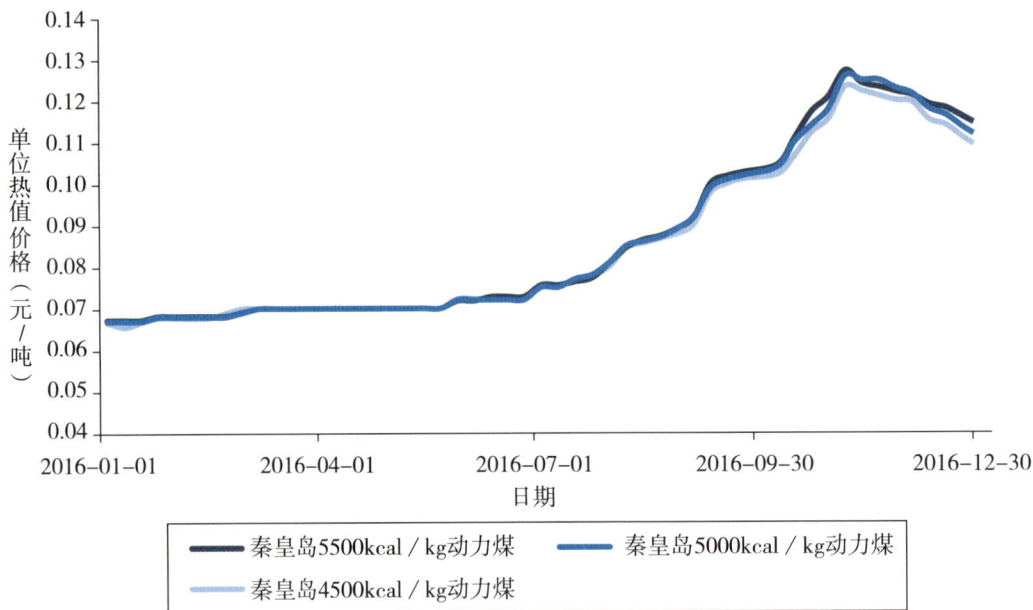

图2-35 秦皇岛不同热值动力煤价格比较（2016年1—12月）

来源：中国煤炭运销协会、神华科学技术研究院。

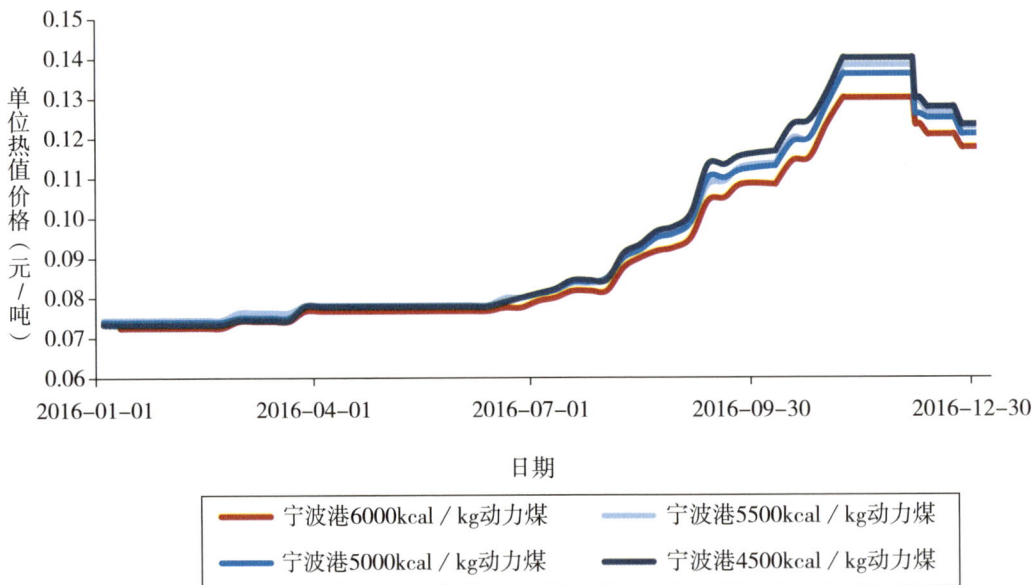

图2-36 宁波港不同热值动力煤价格比较（2016年1—12月）

来源：中国煤炭运销协会、神华科学技术研究院。

3. 在价格高位时，进口煤表现出明显的价格优势，但进口煤成本优势在逐渐减小

自2016年11月，随着中国国内煤炭价格迅速走高，内贸煤与进口煤出现明显价差。从高热值动力煤来看，以中国南方港口（广州港、防城港）5500kcal/kg动力煤为例，山西动力煤价格明显高于澳大利亚、印度尼西亚动力煤到岸价，价差最高达 60 元/吨左右，进口动力煤价格优势明显（见图 2 - 37）。中低热值动力煤具有相似特点，以中国南方港口（广州港）4400～4800kcal/kg 动力煤为例，自 2016 年 9 月，山西 4500kcal/kg 动力煤价格已经明显高于印度尼西亚 4800kcal/kg 及 4400kcal/kg 动力煤价格，价差最高达 115 元/吨，中低热值进口动力煤价格优势更为明显（见图 2 - 38）。

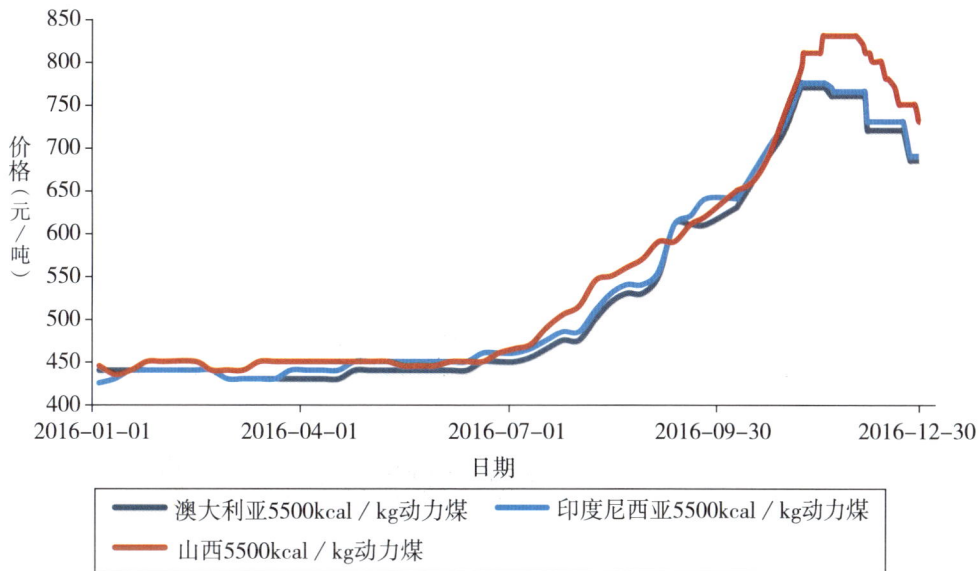

图 2 -37　中国高热值动力煤价差（2016 年 1—12 月）

来源：中国煤炭运销协会、神华科学技术研究院。

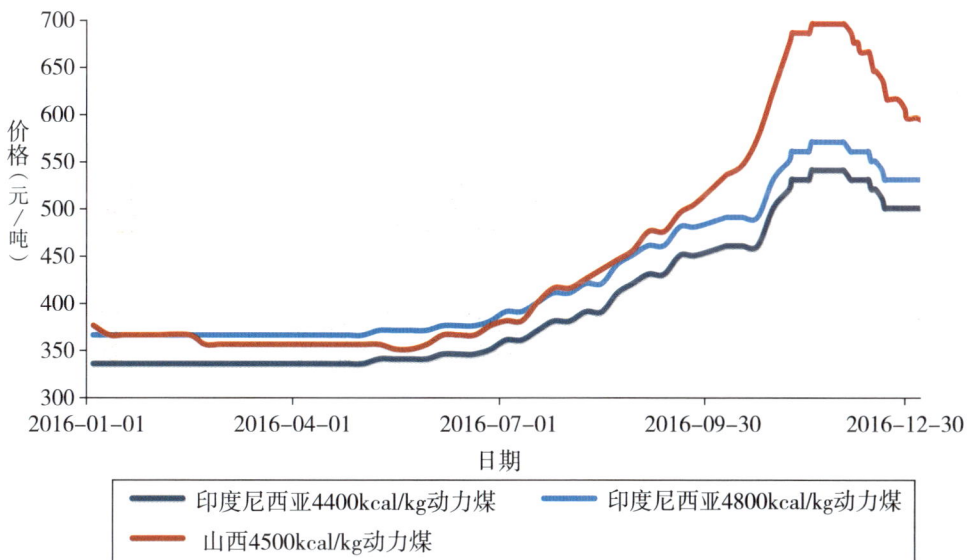

图 2 -38　中国中低热值动力煤价差（2016 年 1—12 月）

来源：中国煤炭运销协会、神华科学技术研究院。

受动力煤价格、汇率、海运费变化等影响，中国进口煤到岸成本逐渐增加，与内贸煤相比成本优势逐渐减弱。选取中国和澳大利亚优质煤矿进行比较分析，以广州港为到岸地，对比内贸动力煤与澳大利亚进口动力煤的到岸成本。从两国优质煤矿成本对比来看，2016年一季度，澳大利亚新南威尔士州某优质煤矿与神东矿区某优质煤矿相比仍具有明显的成本优势，澳大利亚新南威尔士州某优质煤矿到岸成本373元/吨，神东矿区某优质煤矿到岸成本392元/吨；四季度，受原油价格走高、海运费用增加，以及人民币贬值带来进口煤成本增加等因素影响，中国进口煤到岸成本优势已经逐渐减弱，澳大利亚新南威尔士州某优质煤矿到岸成本466元/吨，神东矿区某优质煤矿到广州港到岸成本468元/吨（见图2-39、图2-40）。

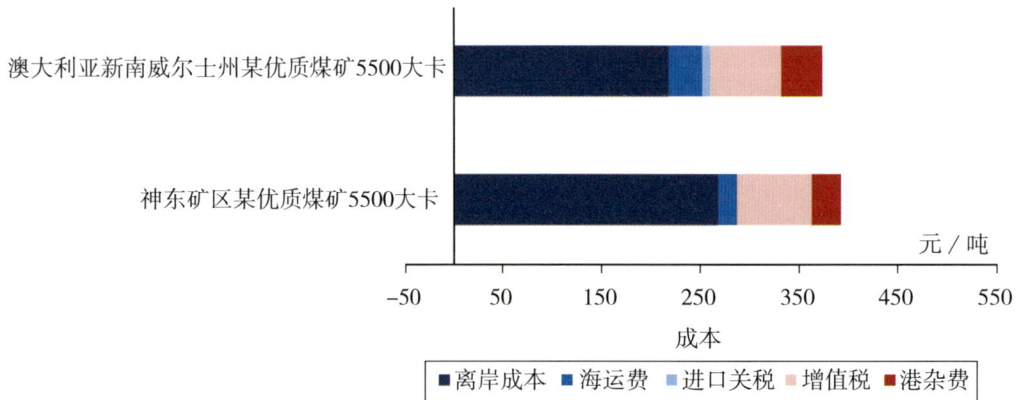

图2-39　2016年一季度进口煤和内贸煤到广州港到岸成本对比

来源：Wood Mackenzie、中国煤炭运销协会、神华科学技术研究院。

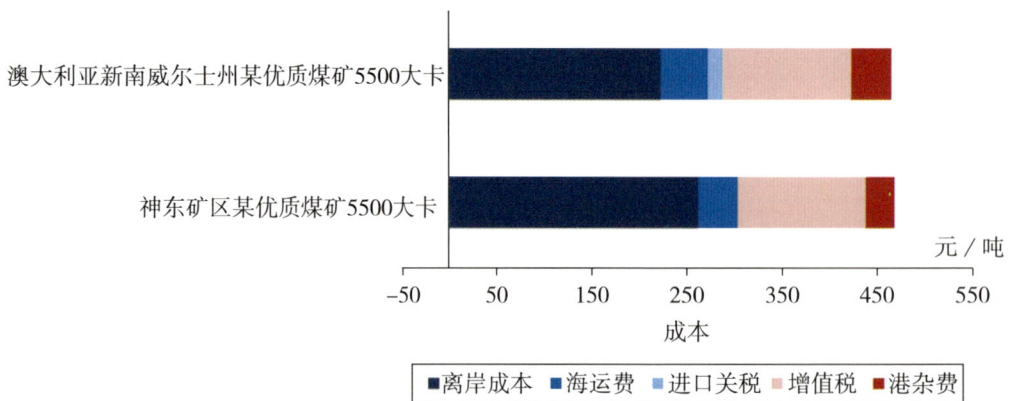

图2-40　2016年四季度进口煤和内贸煤到广州港到岸成本对比

来源：Wood Mackenzie、中国煤炭运销协会、神华科学技术研究院。

4. 2017 年动力煤价格预计将逐渐回归到合理价值区间

　　综合考虑当前动力煤市场供求关系、进出口及国家宏观调控，结合发改委价格异常波动预警机制出台及煤炭企业合理利润，在不考虑市场恶性竞争、金融投机行为以及出现重大市场变化情况下，**预计动力煤价格将逐渐回归到合理价值区间，预计 2017 年秦皇岛 5500kcal/kg 动力煤价格将从年初 630 元/吨高位逐渐回落到 500 ~ 600 元/吨**；其中，一季度虽然春节后复工不多，部分区域供应仍紧张，均价仍出现小幅回落，估算均价约 619 元/吨，较 2016 年四季度均价 653 元/吨下降 5.2%；二、三、四季度，政府明确不会大范围实施煤矿减量化生产措施，煤炭供应将逐步增加，预计动力煤会继续回归合理价值区间，三、四季度水力发电及四季度气候变化影响较大，仍需密切关注气候条件对煤炭需求产生影响而带来的价格波动（见图 2 - 41）。

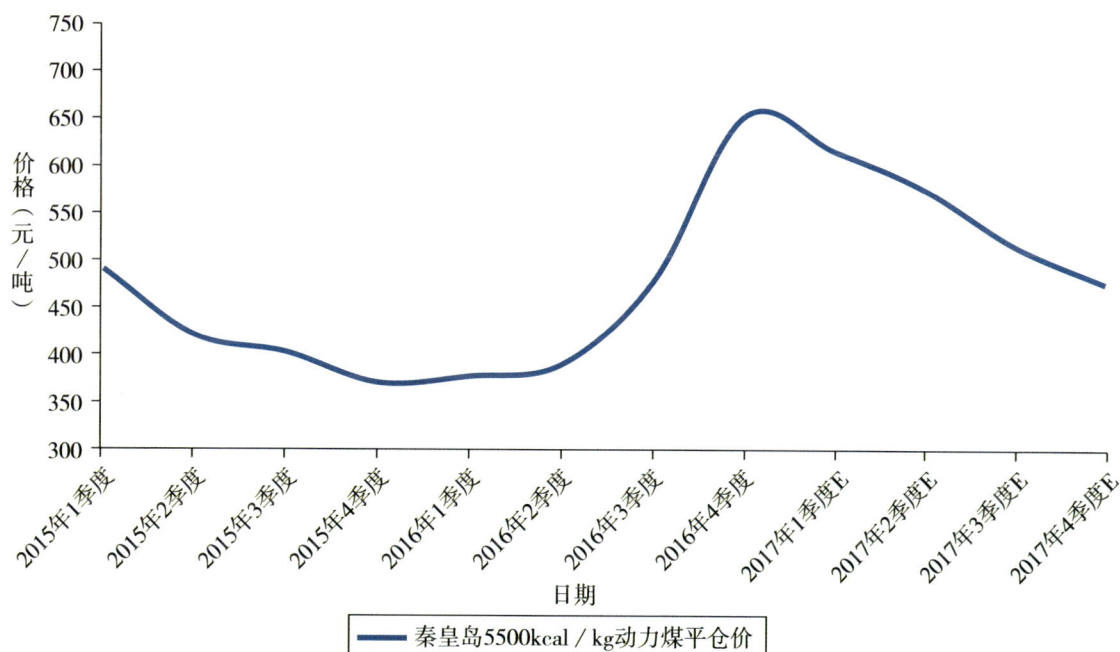

图 2 -41　秦皇岛 5500kcal/kg 动力煤价格预测（2015 年 1 季度—2017 年 4 季度)

来源：IHS Markit、神华科学技术研究院。

　　从**供求关系**来看，煤炭产能宽松局面没有发生根本改变，2016 年全国总产能为 55.8 亿吨/年，具备生产条件的产能 40 亿吨/年左右；煤炭消费量为 39.1 亿吨。从**产需关系**来看，2017 年煤炭产需逐渐趋于弱平衡，一方面煤炭消费基本保持在 2016 年水平，另一方面中国政府考虑到煤炭价格合理回归、煤炭供应将逐渐增加。

从**进出口**来看，进口煤炭具有的价格优势也将促进国内煤炭价格逐渐回落到合理区间。2016 年年底，在价格高位时进口煤表现出明显的价格优势，进口动力煤明显增加；进口煤的价格优势和质量优势，将对国内动力煤形成竞争压力，促进动力煤价格逐渐回落到合理区间。

从**国家宏观调控**来看，政府宏观调控将维持煤炭价格在合理区间。当前中国煤炭市场在供给侧结构性改革背景下，政府通过价格异常波动预警机制及应急响应机制等促进煤炭市场稳定发展。2016 年下半年，由于煤价过快上涨，政府陆续采取了系列促进先进产能释放的措施。2016 年年底，《关于平抑煤炭市场价格异常波动的备忘录》明确提出建立价格异常波动预警机制，将通过国家宏观调控，尽量将煤炭价格维持在价格正常的绿色区域（500～570 元/吨）。

（二）炼焦煤

1. 中国炼焦煤价格大幅上涨，涨幅高于动力煤

2016 年中国炼焦煤价格逐渐企稳，并在 2016 年 10—12 月迅速走高。国内炼焦煤价格迅速走高主要受益于 276 个工作日减量化生产措施严格执行，以及国内钢铁行业需求有所回暖（2016 年粗钢产量由降转增，增幅1.2%）影响。以典型港口主焦煤为例，天津港主焦煤场地价，2016 年 11 月升至高位 1830 元/吨，较年初上涨 189.2%，12 月维持高位。京唐港主焦煤场地价，2016 年 11 月升至高位 1630 元/吨，较年度最低价格上涨 129.6%，12 月维持高位（见图 2－42、表 2－6）。

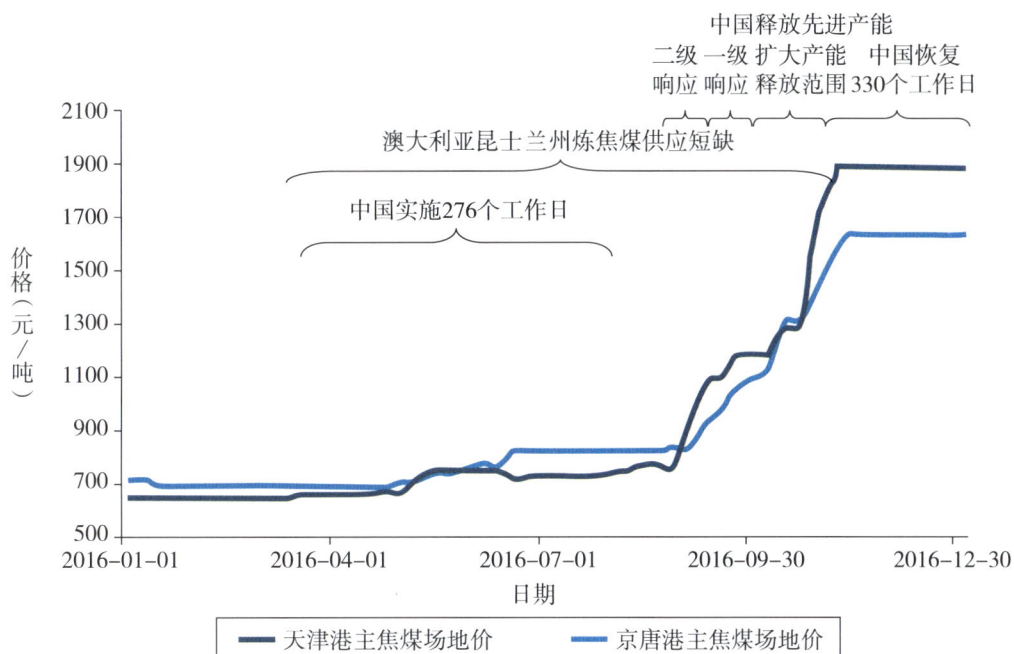

图2-42 中国典型港口炼焦煤价格走势及主要影响事件（2016年1—12月）

来源：中国煤炭运销协会、神华科学技术研究院。

表2-6　　　　　　　中国炼焦煤价格年度变化情况（2016年）　　　　单位：元/吨

炼焦煤价格	2016年均价	同比	年初	最高	年末	最高价格较年初涨幅	年末较最高价格跌幅
天津港主焦煤场地价	1322.8	69.8%	650.0	1880.0	1880.0	189.2%	—
京唐港主焦煤场地价	947.3	14.9%	710.0	1630.0	1630.0	129.6%	—

来源：中国煤炭运销协会、神华科学技术研究院。

2. 2017年炼焦煤价格预计将在回落后逐渐企稳

综合考虑当前炼焦煤市场供求关系、进出口及国家宏观调控，结合发改委价格异常波动预警机制及煤炭企业合理利润，在不考虑市场恶性竞争、金融投机行为以及出现重大市场变化情况下，**预计2017年炼焦煤价格将逐渐回落到合理价值区间，预计天津港主焦煤场地价将从高位1880元/吨逐渐回落到1100～1300元/吨。**其中，一季度均价估算在1557元/吨，较2016年四季度均价1816元/吨下降

17.4%（见图2－43）。

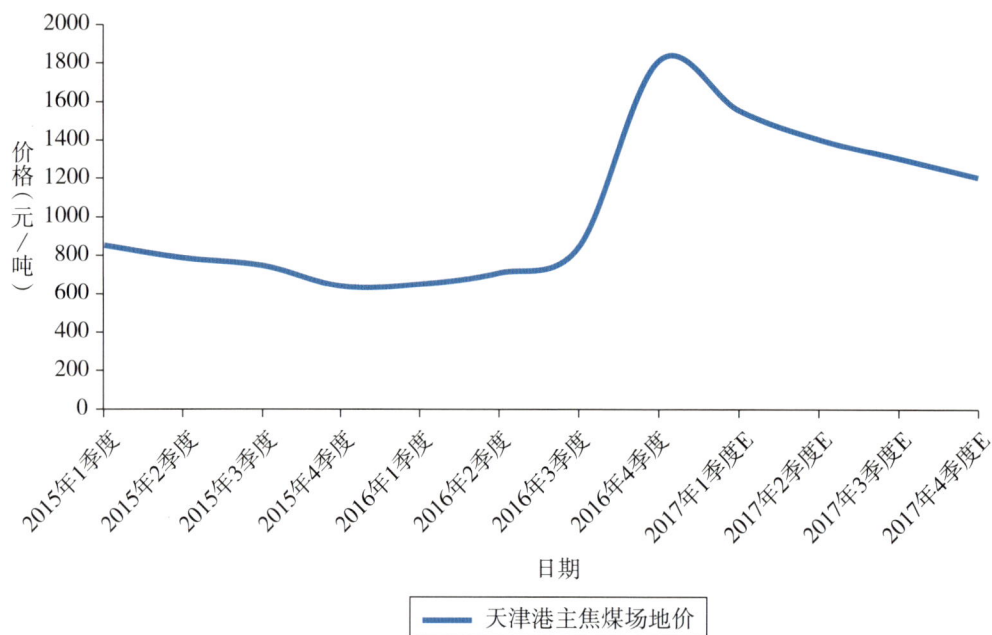

图2－43　天津港主焦煤价格预测（2015年1季度—2017年4季度）

来源：IHS Markit、神华科学技术研究院。

（三）煤炭期货

相比现货价格对于政策影响的滞后表现，煤炭期货价格对政府政策反应更为敏感。2016年，煤炭期货价格前期走势与现货价格一致，随着煤炭价格大幅上涨，煤炭期货价格也呈现一路上涨走势，动力煤期货价格2016年11月达到高位651元/吨，炼焦煤期货价格同样在2016年11月达到高位1538元/吨。11月以后，随着先进产能不断释放，加上年底长协价格稳定煤价等多因素影响，动力煤期货价格迅速走低，降幅远大于动力煤现货价格；同样不同于到年底一直居高的炼焦煤现货价格，炼焦煤期货价格年底迅速回落（见图2－44、图2－45）。

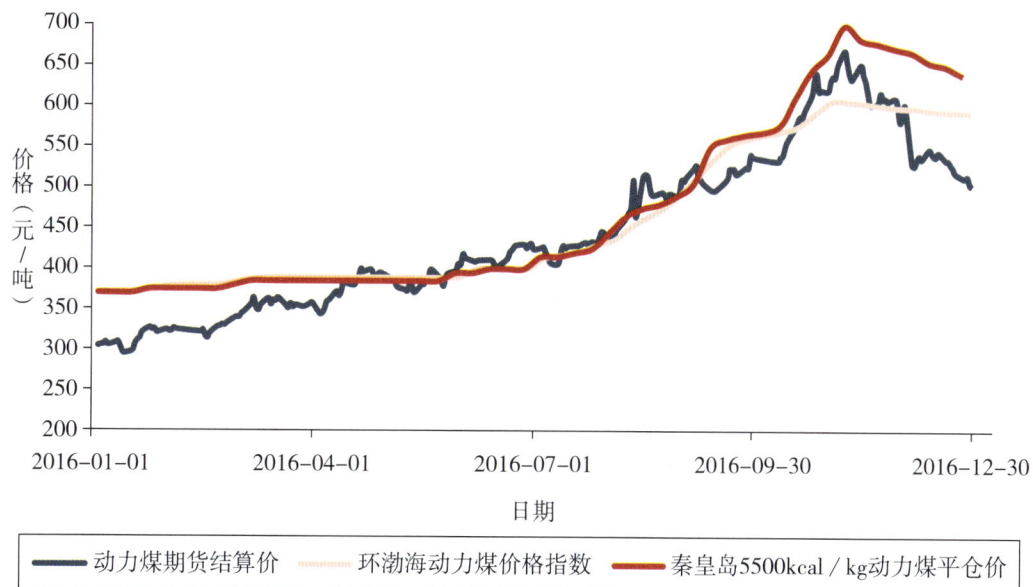

图2-44 中国动力煤期货价格走势（2016年1—12月）

来源：中国煤炭运销协会、神华科学技术研究院。

图2-45 中国炼焦煤期货价格走势（2016年1—12月）

来源：中国煤炭运销协会、神华科学技术研究院。

六、运输

（一）运能运量

1. 主要运煤通道运力宽松，发运量延续下跌走势

2016年，"三西"地区（山西、陕西和内蒙古西部）煤炭铁路外运通道运力达到

23.7 亿吨/年，较 2015 年增加 1 亿吨/年，增幅 4.0%。"三西"地区铁路煤炭发运量 15.1 亿吨，较 2015 年下降 0.9 亿吨，降幅 6.0%（见表 2-7）。

表 2-7　　　　　　　　　　"三西"地区煤炭铁路运输情况　　　　　　　　　单位：亿吨

煤炭铁路运输	2014 年	2015 年	2016 年
铁路运能	20	22.7	23.7
铁路运量	18.3	16	15.1

来源：中国煤炭运销协会、神华科学技术研究院。

2. 沿海主要港口运能、发运量同比持平

2016 年，沿海主要港口煤炭运能约 10.5 亿吨，与 2015 年基本持平。沿海主要港口全年发运煤炭 6.4 亿吨，较 2015 年减少 0.03 亿吨，基本持平（见图 2-46）。

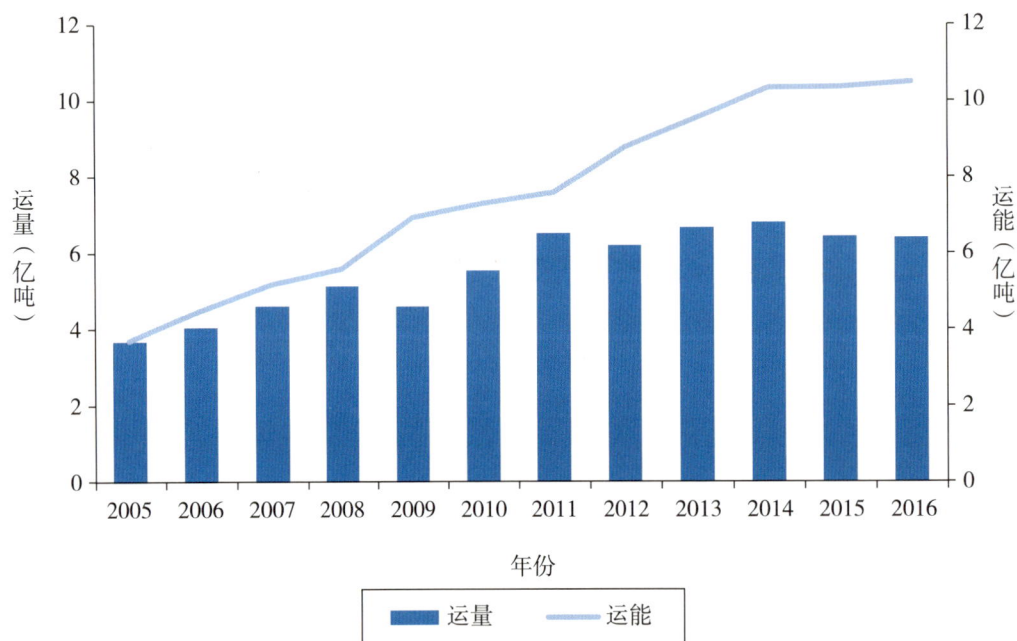

图 2-46　沿海港口煤炭运能和运量（2005—2016 年）

来源：中国煤炭运销协会。

3. 2017 年煤炭运输将有所回暖，但仍保持宽松态势

交通运输部 2016 年 9 月出台《超限运输车辆行驶公路管理规定》，严格限制公路超载，2017 年部分煤炭货源将回流铁路。2017 年 1 月，煤炭、电力、铁路产运需三方

首次签订了煤炭中长协铁路运输互保协议，进一步保障了煤炭铁路运输。中国铁路总公司2017年计划投资8000亿元用于铁路基建，维持近几年投资水平。预计2017年主要运煤铁路运能增长至28.5亿吨，沿海港口煤炭运能维持在10.5亿吨左右。综合以上，2017年全国煤炭运输总体仍将保持宽松态势。

（二）运输格局

1. 煤炭铁路运输路线趋向多元化

2016年大秦铁路煤炭运输优势地位继续受到削弱，主产煤区煤炭外运路线选择趋向多元化。准池铁路（年设计运输能力2亿吨）2015年下半年实现电气化运营，内蒙古中西部和山西北部煤炭可以选择准池—朔黄铁路下水。此外，蒙冀铁路（年设计运输能力2亿吨）也于2015年12月通车，加剧了大秦线煤炭货源的分流。2016年大秦铁路发运煤炭3.51亿吨，同比下降11.5%，延续2015年大幅减少的趋势（见图2-47）。

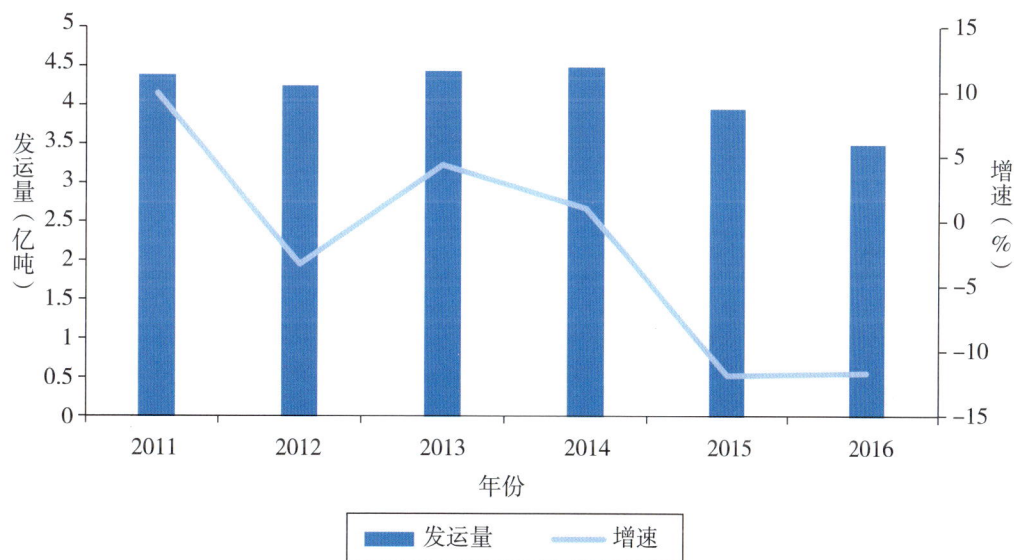

图2-47　大秦线煤炭发运情况（2011—2016年）

来源：中国煤炭运销协会。

2. 北方七港煤炭发运呈现分化态势

2016年，北方七港煤炭发运5.99亿吨，与2015年基本持平。主要港口煤炭发运出现分化，黄骅、天津、日照港发运量大幅增长，秦皇岛、青岛、唐山、连云港发运量有所下降（见图2-48）。受主要运煤通道发运变化影响，朔黄铁路、瓦日铁路对应的黄骅港、日照港煤炭发运量相应增长。秦皇岛港因煤炭货源分流发运量大幅减少，青岛、唐山、连云港煤炭发运量也出现了一定程度的下降。1—9月汽运成本下降，"三西"地区煤炭公路转运增多，天津港发运量大幅增长，但10月因公路治超政策影响开始回落。

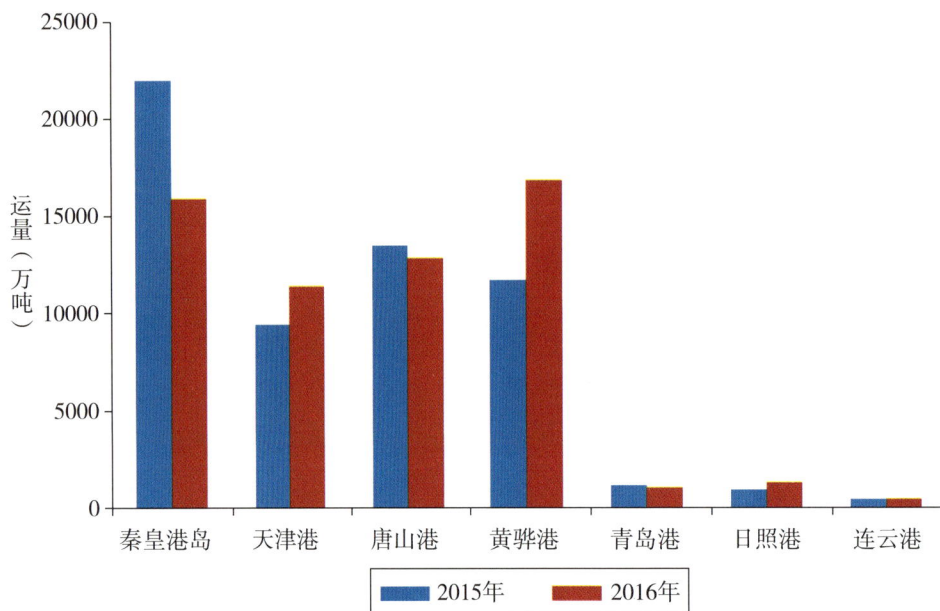

图2-48 北方七港煤炭发运情况（2015年、2016年）

注：北方七港包括唐山港、黄骅港、天津港、青岛港、日照港、连云港、秦皇岛港。

来源：中国煤炭运销协会。

3. 2017 年煤炭运输格局变化趋势

2017年2月，环保部发布《京津冀及周边地区2017年大气污染防治工作方案（征求意见稿）》，明确提出9月底前，天津和河北所有集疏港煤炭一律由铁路运输。以公路运输煤炭货源为主的天津港2017年煤炭发运量将大幅回落。受煤炭需求回暖和公路运输新政影响，大秦铁路煤炭运输形势好转，一季度发运煤炭1.04亿吨，同比增加25.0%，预计2017年发运量将回到2015年水平。秦皇岛港承接天津港转运缺口，发运量将相应回升。

（三）运输价格

1. 煤炭铁路运输价格先下调再上浮

受运力过剩和汽运竞争压力影响，铁路总公司主动调整运价政策。2016年3月，中国铁路总公司印发《关于推进铁路供给侧改革深化现代物流建设若干措施的通知》，明确提出，将以煤炭、冶炼物资为重点，通过扩大铁路局运价调整自主权限，坚决实现货运量止跌回升。对运价实施比例下浮，下浮不超过 20%，由铁路局自主确定。根据中国煤炭运销协会数据，自 2016 年 2 月开始，铁路运输基价 2 由 2015 年的 0.098 元/吨千米下调至 0.088 元/吨千米。10 月开始，受煤炭需求回升和公路超限政策影响，太原、西安、呼和浩特铁路局恢复至国家规定的煤炭基准运价，后续又不同程度的上浮运费 5%~10%。

2. 煤炭水运运价同比有所提高

2016 年上半年，受煤炭港口运力过剩和同质化竞争问题影响，主要运煤港口先后实施价格优惠，煤炭内贸水运运费同比有所下调；下半年受国际原油价格大幅上涨影响，煤炭水运运价同比大幅提升。以秦皇岛—广州航线（5 万~6 万 DWT）为例，全年平均运价较 2015 年同比提高 17.0%（见图 2 -49）。

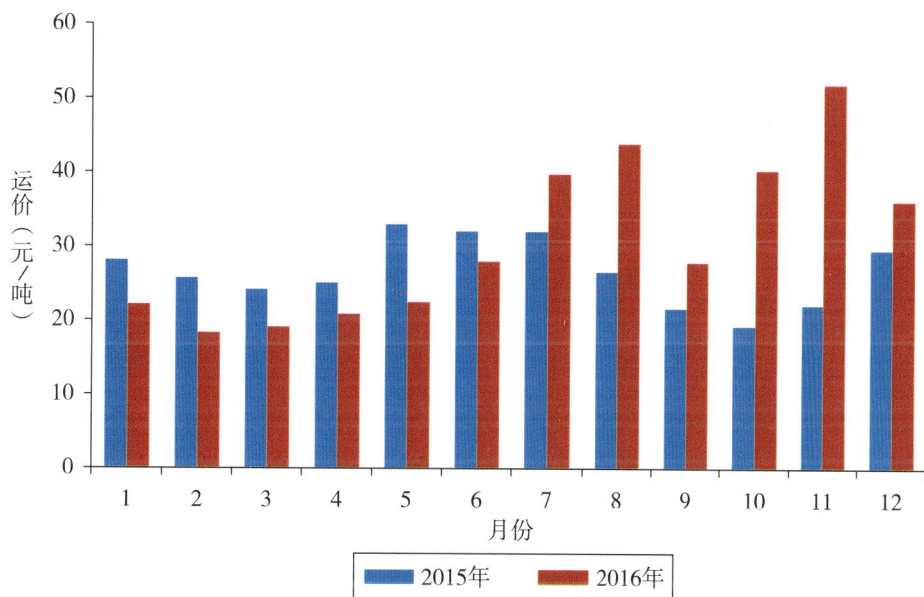

图 2 -49　秦皇岛—广州（5 万 ~6 万 DWT）煤炭运价

来源：中国煤炭运销协会。

七、外部宏观环境

（一）经济环境

1. 全球经济持续低迷且发展不均衡，政治和制度的不确定性加大下行风险

2016 年，全球经济持续低迷且发展不均衡，需求增长缓慢，贸易、投资和生产率增长减缓，中期金融风险上升。其中，美国经济增长低于预期，欧洲处于复苏却受英国脱欧及意大利银行影响，日本新政策框架刺激效果有限，巴西、俄罗斯受大宗商品价格回升影响出现复苏迹象，中国经济增速放缓给全球经济带来压力，阿根廷、拉美地区及土耳其经济活动弱于预期，印度废除大额钞票导致经济增速暂时放缓。据IMF（国际货币基金组织）最新预测，2016年全球增长率预估为3.1%（2015年3.2%），是自2008年以来增长最弱的一年（见图2-50）。

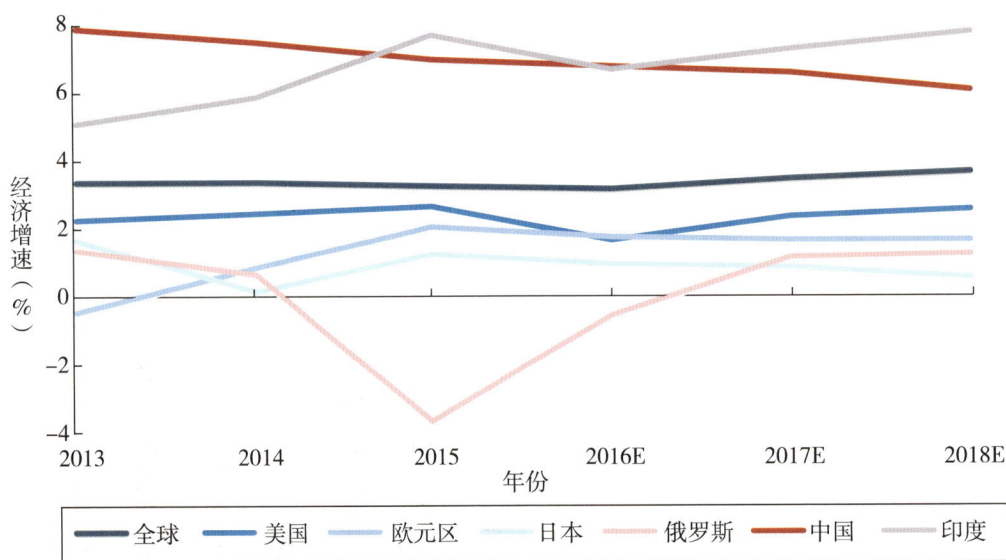

图2-50 世界及主要国家经济增速情况及预测（2013—2018年）

来源：国际货币基金组织。

2017年，全球经济将出现修复性温和增长势头，但也面临不确定性风险。主要国家制造业指数同步扩张，贸易和投资增长加快，大型新兴市场和低收入经济体的状况得到改善，将支撑2017年世界经济增长提速。但是，政治的不确定性和贸易保护主义趋势或减弱世界经济的发展，民粹主义抬头、地缘政治局势紧张对全球经济信心产生不良影响。根据IMF预测，2017年和2018年全球经济增长率分别为3.4%和3.6%。随着经济温和复苏，制造业有所恢复，大宗商品价格触底回升，加上中国减量化生产措施不再大范围执行，美国能源独立行政令宣布取消煤炭禁令，煤炭市场形势可能有积极变化。但是，受清洁能源发展态势影响，传统能源行业发展前景仍不乐观。

2. 中国经济发展的质量和效益不断改善，但仍面临较大下行压力

2016年，中国经济运行调整趋缓、缓中趋稳，GDP（国内生产总值）同比增长

6.7%，好于预期；单位 GDP 能耗下降 5.0%，经济增长质量不断改善（见图 2 -51）。新常态下增速换挡、结构优化、效益提高、动能转换的特征更加明显。随着供给侧结构性改革持续深入推进，在基础设施、房地产投资增长的带动下，工业品价格回升，企业效益改善，工业经济企稳态势明显。

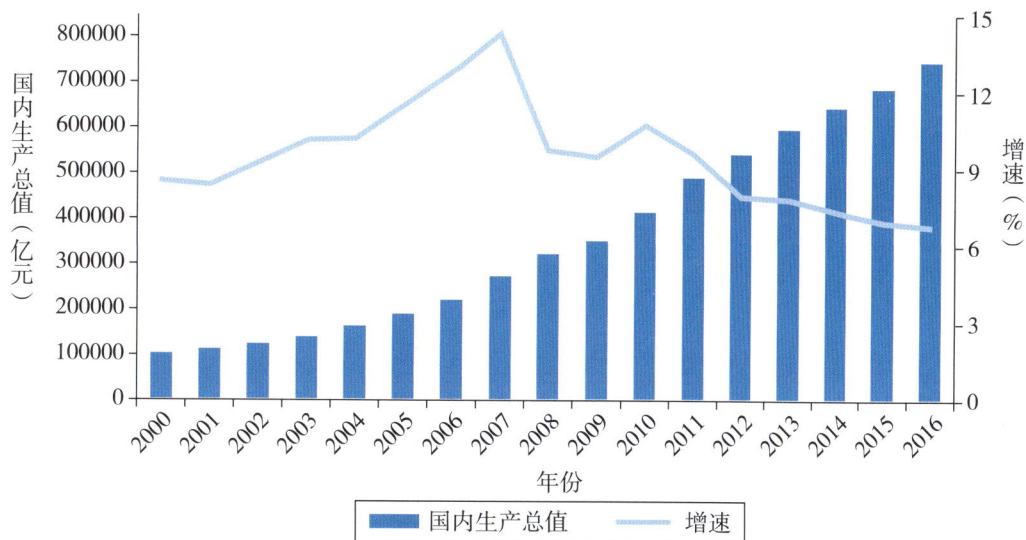

图 2 -51　中国国内生产总值及增速（2000—2016 年）

来源：中国国家统计局。

受周期性因素和结构性矛盾的制约，2017 年中国经济下行压力仍然较大。国内投资和消费增长放缓、外需不足、债务累积、杠杆过高等是中国经济面临的主要下行风险。但是，自贸区网络体系、"一带一路"战略、制造业转型升级以及供给侧改革等将为经济发展带来新动能。从主要行业来看，棚户区改造、电网改造、轨道交通、地下管廊等基建投资将在 2017 年托底经济稳增长，而房地产投资增速受制于高库存和强调控难以大幅反弹，制造业投资增速开始止降回升。根据 2017 年政府工作报告，2017 年中国 GDP 的增速目标为 6.5%。随着经济增速回落、产业结构调整以及环保压力加大，高耗能的重工业发展仍将受到抑制，煤炭行业消费增长受到限制。

（二）产业政策环境

2016 年是供给侧改革攻坚之年，钢铁、煤炭等困难行业成为去产能的重点行业。煤炭行业政策围绕去产能、控产量等举措，力求通过调节市场供应，促进市场逐步趋向平衡状态。

1. 去产能及配套政策

2016 年，中央和地方政府继续加大去产能力度。2 月 1 日，国务院发布《关于煤炭行业化解过剩产能实现脱困发展的意见》。这一政策成为煤炭行业去产能的指导性政策，明确提出了行业去产能的目标，即从 2016 年起，用 3~5 年的时间，再退出产能 5 亿吨左右、减量重组 5 亿吨左右；3 年内原则上停止审批新建煤矿项目。加快淘汰落后产能，2016 年力争关闭落后煤矿 1000 处以上，合计产能 6000 万吨。

自 4 月开始，发改委、工信部、财政部、人社部、国土资源部、环保部、人行、税务、质检总局、安监总局、银监会、煤监局等多个部门研究制定的奖补资金、财税支持、金融支持、职工安置、国土资源、环保、质量、安全等 8 个专项配套政策文件陆续印发（见表 2-8）。

表 2-8　　　　　　　　　　煤炭行业去产能及配套政策措施

时间	机构	政策及措施
2016 年 2 月 1 日	国务院	《关于煤炭行业化解过剩产能实现脱困发展的意见》（国发〔2016〕7 号）
2016 年 3 月 30 日	国土资源部	《关于支持钢铁煤炭行业化解过剩产能实现脱困发展的意见》
2016 年 4 月 15 日	人社部、发改委等	《关于在化解钢铁煤炭行业过剩产能实现脱困发展过程中做好职工安置工作的意见》
2016 年 4 月 15 日	安监局、煤监局	《关于支持钢铁煤炭行业化解过剩产能实现脱困发展的意见》
2016 年 4 月 16 日	环保部、发改委、工信部	《关于支持钢铁煤炭行业化解过剩产能实现脱困发展的意见》（环大气〔2016〕47 号）
2016 年 4 月 17 日	一行三会	《关于支持钢铁煤炭行业化解过剩产能实现脱困发展的意见》（银发〔2016〕118 号）
2016 年 5 月 5 日	工信部、发改委、能源局、煤监局	《关于印发钢铁煤炭行业淘汰落后产能专项行动实施方案的通知》
2016 年 5 月 9 日	财政部、税务总局	《关于化解钢铁煤炭行业过剩产能实现脱困发展的意见》
2016 年 6 月 7 日	财政部	《关于加强工业企业结构调整专项奖补资金使用管理的通知》

来源：神华科学技术研究院。

自 3 月开始，全国大部分省区相继公布了落实国发 7 号文煤炭去产能的具体目标和实施细则，后期还制定并出台了职工安置、项目审批、安全事故以及煤改清洁能源等方面的配套政策。

为实现上述目标，国务院建立了由 25 个部委参加的钢铁煤炭行业化解过剩产能和脱困发展工作部际联席会议制度，部际联席会议提出了确保 2016 年完成退出产能 2.5 亿吨的目标。截至 6 月底，煤炭去产能仅完成全年目标任务总量的 29%。煤炭去产能加快进度，在多方努力下，7 月底完成任务总量的 47%，8 月底完成任务总量的 60%，9 月底完成任务总量的 80% 以上。最终，2016 年煤炭去产能工作超额完成任务，退出煤炭产能超过 2.9 亿吨；较大幅度压缩煤炭产能，适度减少煤矿数量，使得煤炭行业过剩产能得到有效化解。

2. 减量生产政策及差异化执行

为了缓解市场供过于求的状况，煤炭行业在去产能的同时还严格执行减量化生产政策。2016 年开始，全国各地煤矿按全年作业时间不超过 276 个工作日重新确定煤矿产能，原则上法定节假日和周日不安排生产。该项政策对煤炭供求产生重大影响，煤炭产量得到明显控制。

但是，由于迎峰度夏期间需求超预期，煤炭供应出现局部偏紧态势，煤炭价格快速上涨。为保证用煤安全并保障冬季煤炭供应，控产量政策由 276 个工作日调整为阶段性加大调控力度、有序释放先进产能（见表 2 -9）。9 月 8 日国家发改委启动二级响应机制，拟日增产 30 万吨，涉及 66 个煤矿 5.9 亿吨产能规模；9 月 23 日启动一级响应机制，拟日增产达到 50 万吨，涉及全国的 74 个矿井 6.5 亿吨产能规模；自 10 月 1 日起突破应急预案，产能释放范围扩大至三类煤矿，日增产超过 100 万吨，涉及全国的 74 处先进产能煤矿、789 处一级安全质量标准化矿井、640 处安全高效煤矿的 21 亿吨产能；11 月初，允许符合安全生产条件的产能采暖季前可按 330 个工作日组织生产，涉及产能达 30 亿吨。阶段性释放先进产能和淘汰落后产能齐头并进，煤炭供应进一步稳定，价格上涨过快得到抑制。

3. 维持市场稳定的其他调控政策

为了维护市场稳定，除对减量生产政策差异化执行外，国家还采取了系列措施：加强运力资源协调、煤炭生产和消费企业签署战略合作意向、制定长协价格，保障好供热发电等重点用煤需求，多措并举促进煤炭价格和市场稳定（见表 2 -10）。

表 2 –9　　　　　　　　　　减量生产及差异化执行相关政策措施

时间	机构	政策及措施
2016 年 3 月 21 日	发改委、人社部等	《关于进一步规范和改善煤炭生产秩序的通知》（全国所有煤矿按照 276 个工作日组织生产）
2016 年 6 月 28 日	部际联席会议办公室	《关于进一步贯彻落实煤矿节日停产放假和落实减量化生产的通知》
2016 年 9 月 8 日	发改委	"稳定煤炭供应、抑制煤价过快上涨预案启动"工作会议分为三、二、一级响应机制，决定启动二级响应机制

以下为响应机制表格：

	启动条件	日增产量	响应范围
一级响应	环渤海动力煤价格上涨到 500 元/吨以上且连续两周上涨	50 万吨	74 个矿井 6.5 亿吨产能
二级响应	上涨到 480 元/吨以上且连续两周上涨	30 万吨	66 个煤矿 5.9 亿吨产能
三级响应	上涨到 460 元/吨以上且连续两周上涨	20 万吨	53 座煤矿 5.1 亿吨产能

时间	机构	政策及措施
2016 年 9 月 23 日	发改委	煤炭座谈会 决定启动煤炭一级响应机制
2016 年 9 月 29 日	发改委	《关于适度增加部分先进产能投放保障今冬明春煤炭稳定供应的通知》（产能释放煤矿范围扩大至三类：74 处先进产能煤矿、789 处一级安全质量标准化矿井、640 处安全高效煤矿，此外，部分产煤地区可从 2015 年二级安全质量标准化矿井中再择优确定少数煤矿，经备案后纳入产能调节的企业范围。涉及产能 21 亿吨）
2016 年 11 月 16 日	发改委、能源局、煤监局、煤炭工业协会	"推动签订中长期合同做好煤炭稳定供应工作电视电话会议"（所有具备安全生产条件的合法合规煤矿，在采暖季结束前都可按 330 个工作日组织生产。涉及产能 30 亿吨）

来源：神华科学技术研究院。

11月上中旬，神华、中煤与五大电力分批次签订电煤中长期协议。在重点企业示范带头作用下，煤炭企业与发电企业签订中长期合同开始在更大范围内进行。为了保证合同执行，有关部门及铁路方面还给予了相应的政策支持和运力支持。

表2-10　　　　　　　　　　　维持市场稳定的其他调控政策措施

时间	机构	政策及措施
2016年3月18日	铁路总公司	《关于推进铁路供给侧改革深化现代物流建设标杆措施的通知》 （煤炭运价下浮不超过20%）
2016年10月25日	煤监局、发改委、能源局	《关于加强煤矿产能释放期间安全生产工作的通知》
2016年11月	铁路总公司、发改委	铁路总公司、国家发改委协同工作 （全力组织煤炭运输，针对需求量大的东北、西北等重点地区加大运输力度。实时掌握重点地区和重点企业的煤炭生产、消耗、运输和库存情况，及时调配运力）
2016年11月30日	发改委、国资委	《关于加强市场监管和公共服务保障煤炭中长期合同履行的意见》

来源：神华科学技术研究院。

4. 2017年去产能仍为重点，调控政策将努力促进供需平衡

2017年，行业政策将兼顾"去产能"和"保供应"的平衡。由于中国煤炭产能过剩的局面并未根本改变，2017年将继续深化供给侧结构性改革，深入推进"三去一降一补"，计划退出煤炭产能1.5亿吨以上；后期关于人员安置、专项资金、财税金融支持等配套政策将进一步完善。同时，为促进煤炭市场供需平衡，2017年，煤矿减量化生产措施不再大范围执行，防范价格异常波动预警机制出台，产能置换工作加快，中长期合同签订工作加强督促与监管。后期政策调控将以实现煤炭总量、区域、品种和供需基本平衡、价格在合理区间内波动为目标（见表2-11）。此外，针对行业事故集中多发势头，煤矿安全工作机制也在逐步强化。

表2-11　　　　　　　　　　　2017年已出台的行业政策措施

时间	机构	政策及措施
2016年12月29日	发改委、煤炭工业协会等	《关于平抑煤炭市场价格异常波动的备忘录》
2017年2月17日	十六部委	《推动落后产能退出意见》
2017年2月20日	安监局、煤监局	《关于开展煤矿全面安全体检专项工作的通知》
2017年2月28日	煤监局	《关于煤矿建设项目安全专项监察发现问题的通报》
2017年3月10日	安监局、煤监局	《关于强化瓦斯治理有效遏制煤矿重特大事故的通知》
2017年3月21日	人社部、发改委等	《关于做好2017年化解钢铁煤炭行业过剩产能中职工安置工作的通知》
2017年4月7日	发改委	《关于加快签订和严格履行煤炭中长期合同的通知》
2017年4月5日	发改委	《关于进一步加快建设煤矿产能置换工作的通知》（发改能源〔2017〕609号）
2017年4月17日	发改委等二十三部委	《关于做好2017年钢铁煤炭行业化解过剩产能实现脱困发展工作的意见》（发运行〔2017〕691号）

来源：神华科学技术研究院。

（三）清洁发展与环境政策

中国能源行业发展和改革的战略导向为：能源消费总量控制、大力发展清洁能源、能源体制改革以及煤炭清洁高效利用等。其中，能源消费总量控制、清洁能源替代，对未来煤炭行业需求增长都有一定的制约作用；而煤炭清洁利用则为行业发展指明方向。

1. "十三五"规划对能源消费总量与结构提出要求

在国内外经济形势、能源供需格局发生变化的情况下，能源革命成为新时代背景下中国能源战略的必然选择，包括能源消费总量控制以及消费结构优化的相关政策加紧制定（见表2-12）。《能源发展战略行动计划（2014—2020年）》提出，加快构建清洁、高效、安全、可持续的现代能源体系，《能源发展"十三五"规划》确立了2020年能源消费总量及结构等主要发展目标，《煤炭发展"十三五"规划》提出到2020年煤炭产量为39亿吨。

表 2-12　　　　　　　　　　　　　能源消费总量及能源结构优化相关政策措施

时间	机构	政策及措施
2014 年 11 月 19 日	国务院	《能源发展战略行动计划（2014—2020 年）》
2016 年 12 月 22 日	发改委、能源局	《煤炭发展"十三五"规划》 （淘汰过剩落后产能 8 亿吨/年左右，通过减量置换和优化布局增加先进产能 5 亿吨/年左右，到 2020 年，煤炭产量 39 亿吨）
2016 年 12 月 26 日	发改委、能源局	《能源发展"十三五"规划》 （能源消费总量控制在 50 亿吨标准煤以内，煤炭消费总量控制在 41 亿吨以内。煤炭消费比重降低到 58% 以下）

来源：神华科学技术研究院。

2. 环保要求从严，多项措施并进限制煤炭消费增长

由于全球气候变化压力加大，加之中国雾霾天气频发、空气质量亟待改善，中国大力开展大气污染防治行动以及温室气体控排工作（见表 2-13）。从 2013 年的《大气污染防治行动计划》到 2016 年的《大气污染防治法》，大气污染防治工作已提高到基本国策的高度，《节能减排"十三五"规划》《"十三五"控制温室气体排放工作方案》《能源发展"十三五"规划》等系列规划对煤炭行业提出更严的环保要求。随着加快治理重点污染源、强化节能减排改造、提高外输电比例、加快清洁能源替代、加大散煤治理、加强煤炭质量管理等综合措施的推进，煤炭消费增长受到直接影响。

3. 煤炭清洁高效利用是行业可持续发展的动力

在能源结构短期内无法大规模调整的现状下，煤炭的清洁高效利用是解决中国能源和环境问题的核心，加快推进煤炭清洁高效利用具有重要意义（见表 2-14）。《煤炭清洁高效利用行动计划（2015—2020 年）》系列政策以及重点行业、重点区域的煤炭高效清洁利用的实施方案陆续出台，从煤电联营和煤电一体化、燃煤电厂超低排放与节能改造、煤化工、煤炭分级分质利用等领域推进煤炭清洁利用。《能源发展"十三五"规划》《煤炭发展"十三五"规划》《煤炭工业深加工产业示范"十三五"规划》则对传统煤化工、煤炭深加工领域进行了详细说明。煤炭清洁高效利用为行业发展指明了方向，是行业转型升级的重点，也是未来煤炭行业可持续发展的重要动力。

表 2 -13   大气污染治理相关政策措施

时间	机构	政策及措施
2012 年 10 月	环保部、发改委、财政部	《重点区域大气污染防治"十二五"规划》
2013 年 9 月 10 日	国务院	《大气污染防治行动计划》（大气十条） (到 2017 年，煤炭占能源消费总量比重降低到 65%以下)
2013 年 9 月 17 日	环保部、发改委、能源局等	《京津冀及周边地区落实大气污染防治行动计划实施细则》
2014 年 3 月 24 日	发改委、能源局、环保部	《能源行业加强大气污染防治工作方案》
2014 年 9 月 3 日	发改委、环保部等	《商品煤质量管理暂行办法》
2014 年 9 月 19 日	发改委	《国家应对气候变化规划（2014—2020 年)》 (到 2020 年单位国内生产总值二氧化碳排放比 2005 年下降 40% ~45%，非化石能源占一次能源消费的比重达到 15%左右)
2016 年 1 月 1 日	国家主席令	《大气污染防治法》 (该法第二章对燃煤大气污染的防治作出了专门规定)
2016 年 10 月 27 日	国务院	《"十三五"控制温室气体排放工作方案》 (大型发电集团单位供电二氧化碳排放控制在 550 克二氧化碳/千瓦时以内。单位国内生产总值二氧化碳排放比 2015 年下降 18%)
2016 年 12 月 20 日	国务院	《节能减排"十三五"规划》
2016 年 12 月 22 日	发改委、能源局	《煤炭发展"十三五"规划》 (加强商品煤质量管理，推进重点耗煤行业节能减排，加强散煤综合治理)
2016 年 12 月 26 日	发改委、能源局	《能源发展"十三五"规划》 (开展煤炭消费减量行动，提升能效环保标准，全面实施散煤综合治理)

来源：神华科学技术研究院。

表 2－14　　　　　　　　　　　煤炭清洁高效利用相关政策措施

时间	机构	政策及措施
2014 年 12 月 26 日	能源局、环保部、工信部	《促进煤炭安全绿色开发和清洁高效利用的意见》
2015 年 3 月	工信部、财政部	《工业领域煤炭清洁高效利用行动计划（2015—2020）》
2015 年 3 月 16 日	能源局	关于印发《煤炭深加工示范工程标定管理办法（试行）》的通知
2015 年 4 月 27 日	能源局	《煤炭清洁高效利用行动计划（2015—2020 年）》（到 2020 年，现役燃煤发电机组改造后平均供电煤耗低于 310 克／千瓦时，燃煤工业锅炉平均运行效率比 2013 年提高 8 个百分点；建设一批煤炭清洁高效利用示范工程项目）
2016 年 8 月 10 日	工信部	《关于唐山等 8 市工业领域煤炭清洁高效利用实施方案的批复》
2016 年 12 月 22 日	发改委、能源局	《煤炭发展"十三五"规划》（改造提升传统煤化工产业，开展煤制油等五类模式以及通用技术装备的升级示范）
2016 年 12 月 26 日	发改委、能源局	《能源发展"十三五"规划》（到 2020 年使电煤占煤炭消费的比重从 2015 年的 49% 提高到 55% 以上。脱硫脱硝机组比例达到 92%，单位千瓦时供电煤耗下降 18 克标准煤。有序发展煤炭深加工，煤制油、煤制天然气生产能力达到 1300 万吨和 170 亿立方米左右）
2017 年 2 月 8 日	能源局	《煤炭工业深加工产业示范"十三五"规划》

来源：神华科学技术研究院。

图表索引